Bernd Helge Fritsch

Wu - Wei II
Liebe & Sein

Impressum

© – 2016 Dr. Bernd Helge Fritsch
hompage: www.berndhelgefritsch.com
mail to: office@berndhelgefritsch.com

Cover und sonstige Bilder
Bernd Helge Fritsch
Evelyn Schmelzer

Layout:
Dr. Evelyn Schmelzer

Die Deutsche Nationalbibliothek verzeichnet diese Publikation in der Deutschen Nationalbibliographie; detaillierte bibliographische Daten sind über http://dnb.dnb.de abrufbar.

Herstellung und Verlag:
BoD - Books on Demand, Norderstedt
ISBN 9783741222986

Der Autor

Bernd Helge Fritsch war vormals erfolgreicher Rechtsanwalt in Graz. Vor rund drei Jahrzehnten hat er sich auf Grund einer tiefgreifenden inneren Veränderung aus der Anwaltstätigkeit zurückgezogen und ist seither als Schriftsteller und spiritueller Lehrer tätig. Er verbrachte viele Jahre auf Reisen in Asien und Südeuropa, lebte in buddhistischen und hinduistischen Klöstern, studierte und praktizierte Zen.

Durch seine Bücher „Der große Prinz und das Glück", „Das Kleinod des Shankara", „Die Essenz der Bhagavad-Gita, „WU-WEI, erfolgreich Nichts tun" u.a. ist Bernd H. Fritsch einem großen Leserkreis als inspirierender Buchautor bekannt geworden.

Dieses Buch

Diese Schrift bildet eine Fortsetzung zum Buch „WU-WEI, erfolgreich Nichts-tun" von B. H. Fritsch.

Sie beinhaltet vorwiegend Essay-Briefe, die der Autor in der Zeit von April 2013 bis November 2015 publiziert hat.

Durch die Kapitel dieses Buches begleitet den Leser die taoistische Philosophie des „WU-WEI". Diese geht davon aus, dass unser Universum von höchster Weisheit und Liebe durchdrungen ist.

Allerdings hat sich die Menschheit im Laufe ihrer Entwicklung vom Tao (auch Dao geschrieben), von der alles umfassenden Weisheit und Liebe, in ihrem Bewusstsein getrennt.

In diesem Buch wird aufgezeigt, wie wir wieder in die Einheit mit dem Sein zurückkehren können.

Der Schwerpunkt dieser Schrift liegt bei den Themen:

>   Die Spielregeln der Liebe
>   Die Kraft unserer Gedanken
>   Unser Zugang zur Intuition

Nach dem Prinzip des Wu-Wei ereignet sich das Wesentliche in unserem Leben in höchster Vollkommenheit ganz von alleine. Das gilt für den einzelnen Menschen jedoch nur insofern, als er sich dabei mit seinem Ego-Wollen nicht selbst im Wege steht.

Nicht durch angestrengtes Wirken, sondern primär durch Geschehen-Lassen erreichen wir müheloses alle unsere Ziele.

Wenn wir davon ausgehen, dass die Welt, so wie sie ist, bereits vollkommen ist, genügt es für uns Menschen, sich dem Fluss des Seins hinzugeben. Wir leben dadurch in Harmonie mit der Natur und allen Wesen und erreichen so tiefe und anhaltende Glückseligkeit.

Inhaltsverzeichnis

Der Autor 5

Dieses Buch 6

Wu Wei – Nur für Faule? 12
Zur Frage 1 – „Wu Wei" nur für Faule? • 13; Was ist das Tao? • 14; Das Tao handeln lassen • 15; Zur Frage 2 – Die Antwort aus der Stille? • 16; Alle Probleme sind Einbildungen des Verstandes • 18

Erlösende Weisheit – Jnana Yoga (Teil 1) 20
Yoga, die bewusste „Eins-Werdung" • 20; Der Ursprung aller Erscheinungen • 21; Der allumfassende Geist • 21; Die Einheit von allem Sein • 22; Vollkommenheit • 23; Segen und Fluch der Denkfähigkeit • 24; Wählen ohne negative Emotionen • 25; Widerstand gegen das, was ist • 27

Erlösende Weisheit – Jnana Yoga (Teil 2) 29
Es ist deine Entscheidung • 29; Die drei Gunas • 30; Unser Ego • 30; Die Transformation • 31; Radikales Vertrauen • 33; Unser Selbst • 33

Der Pfad des friedvollen Kriegers – Teil 1 36
Es gibt keine gewöhnlichen Augenblicke • 36; Den Müll aus dem Kopf entfernen • 37; Die reine Wahrnehmung • 38; Socrates in dir • 39; Zwanghaftes Denken • 41; Erwachen zum Selbst • 42

Der Pfad des friedvollen Kriegers – Teil 2 44
Verantwortung übernehmen • 44; Sich verändern • 45; Ego-Reaktion • 46; Befreiung durch Achtsamkeit • 48; Eine neue Welt • 50

Die Kraft der Gedanken Teil 1 52
Unbeaufsichtigte Gedanken • 52; Gedanken bestimmen unser Schicksal • 53; Die Energie des Logos • 54; Unbewusste Gedanken verursachen Leid • 57; Mangeldenken schafft Mangel • 58; Auswirkungen des Unterbewusstseins • 60

Die Kraft der Gedanken Teil 2 62
Die Heilkraft von Gedanken • 62; Josef Murphy und das Unterbewusstsein • 63; Das „Resonanzgesetz" • 65; Der Mensch denkt, das Schicksal lenkt • 65; Annehmen, was ist • 66

Die Kraft der Gedanken Teil 3 69
Das Konzept des „Positiven Denkens" • 69; Der Wunsch reich zu werden • 69; Hinter fast jedem Wunsch steckt eine Beschwerde! • 70; Alles Glück kommt von innen • 71; Glück entsteht durch Bewusstheit • 73; Unser Energiefeld • 74

Die Kraft der Gedanken Teil 4 76
Die Welt, wie sie uns erscheint • 76; Ego-Denken • 76; Bewusstseinsstufen • 77; Die Rückkehr zur Vollkommenheit des Seins • 79; Gut und Böse – unwirkliche Wellen auf dem Ozean des Seins • 80; Wirksame Veränderung ist nur durch Erkenntnis möglich • 81; Sorge dich nicht – lebe! • 82

Liebe und Partnerschaft I. Teil 84
Liebe haben wollen oder Liebe sein • 84; Was Bedeutung hat, ist aus Liebe geboren • 85; Bedingungslose, ungeteilte Liebe • 85; Das Glück von „außen" ist eine Illusion • 86; Veränderung • 87; Sich selbst begegnen • 87; Identifikation mit dem Vergänglichen • 88; Unser Seelengrund • 89; Erwartungen – Den anderen „verbessern" wollen • 89; Was mich stört, ist mein Problem • 89; Liebe will nichts verändern • 90; Reif sein für eine beglückende Partnerschaft • 91

Liebe und Partnerschaft II. Teil 93
Jeder bekommt immer den „idealen" Partner • 93; Bis der Tod euch scheidet! • 95; Klammern oder Loslassen • 96; Liebe und Selbsterkenntnis bedingen sich gegenseitig. • 97; Loslassen von Bewertungen • 97

Liebe und Partnerschaft III. Teil 100
Auf alle weltlichen Freuden verzichten? • 100; Welche Bedeutung hat Sex für eine Partnerschaft? • 101; Lebe dein Leben, deine Individualität • 102; Den Partner stets mit neuen Augen sehen • 102; Selbstvertrauen ist Gottvertrauen • 103; Liebe ist Meditation • 104; Die Entscheidung glücklich zu sein • 105; Bedingungsloses „Ja-Sagen" • 106

Dein Zugang zur Intuition I 108
Der Mensch ist Bürger zweier Welten • 108; Unsere Intuition, die Verbindung zur geistigen Welt • 108; Unser Gehirn produziert keine Gedanken • 109; Die erscheinende Welt ist nur ein Gleichnis • 110; Für das Erdenleben benötigen wir den Verstand und (!) die Intuition • 111; Vorteile des Verstandes • 111; Ein Leben ohne Intuition bedeutet Angst • 112; Vorteile der Intuition • 113

Dein Zugang zur Intuition II 115
Innerlich still werden und „anschauen" • 115; Reine Wahrnehmung • 116; Gute Entscheidungen • 116; Anschauen und innehalten • 117; Können wir unseren Eingebungen vertrauen? • 118; Der Glaube, anderen helfen zu müssen • 119; Beliebte Umwege • 120

Dein Zugang zur Intuition III 122
Ego-Probleme – Intuitions-Schwäche • 122; Herz und Verstand • 123; Die Lehren der Meister studieren • 124; Intuition und Bemühen • 125; Wu Wei • 125; Sich dem Fluss des Lebens hingeben • 126

Allein-Sein und All-eins-Sein 129
Leben ohne Angst und Einsamkeit • 129; Das Ego ist immer einsam und verlassen • 130; Erkenne, wer du bist, und alle Probleme lösen sich • 131; Sorgen oder Vollkommenheit • 132; Das Geschenk allein zu sein • 133; Mit sich eins sein • 134; Angst vor der Zukunft • 134; Werde zum „Nicht-Ich"! • 135

Erfüllte Beziehungen I. 137
Zwischen-menschliche Beziehungen • 137; Liebesgeschichten und Heiratssachen • 137; Spielregeln der Liebe • 139; Ego-Kompromisse • 140; Auto-Denken, die Ursache aller Beziehungs-Probleme • 143; Liebe kann man nicht machen, sondern nur sein • 143

Erfüllte Beziehungen II. 146
Die Ego-Geschichten beenden • 146; Die Suche nach dem Traumpartner • 147; Unser Ego-Denken • 148; Alle Menschen wollen glücklich sein • 149; Sylvie, 47, zweimal geschieden, eine Lebensgemeinschaft: • 149; Markus, 40, 1x geschieden, eine Lebensgemeinschaft: • 150; Daniela 48, drei große Lieben im bisherigen Leben • 150; Liebe erwartet nichts, will nichts • 151; Die romantische Liebe • 152; Die Vollkommenheit des Seins • 153; Lass los von dir selbst und du wirst alles erreichen! • 154

Erfüllte Beziehungen III. 156
Beziehungen „scheitern" nicht • 156; Beziehungen dienen nicht dazu, uns glücklich zu machen! • 156; Beziehungs-Probleme sind stets Ego-Probleme • 158; Freiheit und Unfreiheit in Beziehungen • 159; Den anderen sein lassen, wie er ist • 160; Streitkultur • 161; Die Umsetzung im Leben • 162; Loslassen durch Stillsein • 163

Buchempfehlungen 166

Wu Wei – Nur für Faule?

Vor kurzem erhielt ich folgendes Mail von einer Leserin meiner Bücher und Essay-Briefe. Der unveränderte Text dieses Mails lautet:

> *„Bitte könntest du mal einen Essay Brief zum Thema »Erledigen was zu erledigen ist« schreiben?*
>
> *1. Ist »Wu Wei« nur für Faule oder für Pensionisten oder Aussteiger?*
>
> *2. Was genau ist zu erledigen? Kommt die Antwort wirklich so einfach aus der Stille? Auch in der Stille sind wir nicht frei von gesellschaftlichen Rahmenbedingungen, Erwartungen, Prägungen, Erziehung?*
>
> *LG und vielen Dank – Karin"*

Ich bin immer sehr dankbar für solche Fragen. Wie wir häufig beobachten können, sind „sonnenklare" Vorstellungen in der Gedankenwelt des einen Menschen für den anderen keineswegs so selbstverständlich. Jeder erdenkt sich seine eigene Welt und so ist es ein großes Geschenk sich mit anderen Denkweisen verbinden zu dürfen. Doch das ist nur möglich, wenn wir Fragen stellen, miteinander kommunizieren und uns für die Welt des Anderen öffnen. Letztlich stellt es sich heraus, dass wir in der Tiefe unserer Seele, trotz der wunderbaren Vielfalt der verschiedenen Denkweisen, alle „Eins" sind.

Zur Frage 1 – „Wu Wei" nur für Faule?

Die Leserin bezieht sich bei der Frage ob „Wu Wei" nur für Faule sei auf den Titel meines Buches „WU WEI – erfolgreich Nichts-tun".

Wie in der Einleitung zu diesem Buch ausgeführt, geht die *„Wu Wei-Philosophie"* auf uralte chinesische Weisheit zurück. Die uns bekannten Repräsentanten sind die großen chinesischen Meister „Laotse" *(Lao Tzu = „Alter Meister"*; Lebenszeit unbekannt, vermutlich zwischen 6. und 3. Jh. v.Chr.) und *„Dschuang Dsi"* (auch *Chuang-tzu – „Meister Zhuang"*; um 365 bis 290 v. Chr.).

Die Basis dieser Philosophie ist die Überzeugung, dass alles Sein eine Einheit bildet. Diese Einheit, wird in der altchinesischen Tradition als „Tao" (auch „Dao") bezeichnet. Aus diesem Tao ist das ganze sichtbare Universum hervorgegangen. In jedem Stein, in jeder Pflanze, in jedem Lebewesen können wir ein Abbild der unvorstellbaren Schönheit und Weisheit des Tao erkennen..."

Das Tao offenbart sich einerseits in den Erscheinungen der Welt. Zum anderen bildet das Tao den Seelen-Grund eines jeden Menschen. Durch Wu Wei können wir mit diesem Tao in uns bewusst in Verbindung treten.

„...Wu Wei bedeutet *„Nicht-Handeln"* oder *„Handeln durch Nicht-Handeln"*. Damit ist nicht „sich gehen lassen", „faul herumhängen" oder „nix tun" gemeint. Wer sich im Einklang mit dem Tao befindet, wirkt in Harmonie mit der eigenen Natur und mit dem gesamten Sein. Oder noch besser gesagt, wer im Tao ruht, lässt „ES" handeln. Er überlässt das, was zu tun ist, seiner Intuition, seinen Talenten, seinen Gefühlen und seinem Körper. Er kämpft nicht, er plagt sich nicht, er versucht nicht seinen Willen durchzusetzen. Er fühlt spontan was zu tun ist.

Äußerlich gesehen handelt auch der bewusst mit dem Tao verbundene Mensch. Bei Bedarf strengt er sich auch körperlich an. Doch innerlich bleibt er dabei der gelassene Beobachter. Er ist hellwach und achtsam und zugleich lässt er entspannt und ruhig geschehen, was zu geschehen hat. Er wirkt ohne Erfolgszwang, ohne falschen Ehrgeiz, freudig hingegeben an den Augenblick. Sein Tun empfindet er nicht als mühevolle Arbeit oder Belastung..."

> *Laotse :*
>
> *Die eins mit dem Tao sind,*
> *können gefahrlos gehen, wohin sie wollen.*
> *Selbst mitten in großem Leid*
> *nehmen sie den allumfassenden Einklang wahr,*
> *weil sie Frieden in ihrem Herzen gefunden haben.*

Was ist das Tao?

Zum Tao erklärt Laotse im ersten Satz seines berühmten „Tao-Te-King" (Daodejing): „Das Tao über das man sprechen kann, ist nicht das ewige Tao."

Wie alle spirituellen Weisheitslehren versucht das Tao-Te-King sich dem Unbeschreiblichen mit den Mitteln der Sprache anzunähern. Es weist jedoch mehrmals darauf hin, wie unzulänglich dieser Versuch bleiben muss.

Die höchste, allumfassende Gottheit Brahman der altindischen Weisheitslehre entspricht im Wesentlichen dem, was die chinesische Tradition als Tao bezeichnet. In unserer Sprache könnte man das Tao den Worten Gott, allumfassendes Sein oder universelles Bewusstsein umschreiben.

Es leuchtet ein, dass das „Allumfassende Eine" nicht mit Namen oder Worten erklärt werden kann. Denn das „Alles" entzieht sich naturgemäß einer Sprache, die nur einzelne Dinge beschreiben kann. Zudem würde jede Definition des

„Einen" eine Abgrenzung von etwas anderem bedeuten. Damit jedoch beginnt die „Zwei" und die Vielheit der Dinge.

Aus diesem Grunde beschränkt sich das Tao-Te-King („Lehrbuch über die Einheit und die Lebenskraft") wiederholt auf Andeutungen wie zum Beispiel:

> *Diese Einheit ist das Große Geheimnis.*
> *Und des Geheimnisses noch tieferes Geheimnis:*
> *Das ist die Pforte der Offenbarwerdung aller Kräfte.*

oder

> *„Tao" ist ein Name für das beständige Nichts.*

Das Tao handeln lassen

Fast alle Lebensvorgänge in unserem Körper können nicht und müssen nicht von unserem „Ich" gesteuert werden, sondern wir dürfen diese „Arbeit" getrost dem Tao überlassen. In gleicher Weise wirkt das Tao, (Gott, das universelle Bewusstsein) auch in allen Denkvorgängen, Entscheidungen und Handlungen des Menschen. Nur in sehr eingeschränktem Maße ist die Seele des Menschen, unser „Ich" fähig aus sich heraus freie Entscheidungen zu treffen.

Um das zu akzeptieren sollten wir uns bewusst machen, dass unser Denkvermögen, unser Fühlen und Wollen nicht von unserem „Ich" sondern eben von diesem Tao, dem allumfassenden Ursprung aller Erscheinungen, geschaffen wurde und erhalten wird. So wie unser Mind (Mental) funktioniert, sind daher unsere Gedanken, Entscheidungen und Handlungen vorwiegend von dieser höheren Kraft bestimmt.

Daher ist das Beste, was wir täglich tun können, uns zu entspannen und gelassen, neutral und liebevoll zu beobachten was in der Welt vor sich geht. Wir befinden uns so im Zustand der „reinen Wahrnehmung". Wir nehmen wahr was ist, ohne die Erscheinungen zu be- oder zu verurteilen. Wir werden weder von Wünschen noch von Ablehnung geplagt.

> *Laotse:*
>
> *Die Meister beobachten die Welt,*
> *vertrauen aber ihrer inneren Sehkraft.*
> *Sie lassen die Dinge kommen und gehen.*
> *Ihr Herz ist offen wie der Himmel.*

Wir sind in der reinen Wahrnehmung nicht von der Vergangenheit belastet und machen uns keine Sorgen um die Zukunft. Wir vertrauen dem Sein, aus dem dieses wunderbare Universum über viele Millionen Jahren hervor gezaubert wurde und welches in alle Ewigkeit von ihm bestimmt wird.

Denn unsere Aufgabe in dieser Welt besteht lediglich darin zu erwachen und damit zu erkennen, wer wir wirklich sind: der Beobachter, reines Bewusstsein, eine unsterbliche Seele identisch mit dem allumfassenden Tao.

Zur Frage 2 – Die Antwort aus der Stille?

Wahre Stille, macht uns frei von unseren Prägungen, Denkmustern und von gesellschaftlichen Zwängen. In der Stille lernen wir sowohl die „Spiele" der äußeren Welt als auch die Bewegungen in unserem Mental (Denken, Fühlen, Wollen) zu beobachten und zu durchschauen. Dadurch werden wir frei.

> *Laotse:*
>
> *Heimkehr zur Wurzel heißt: Stille.*
> *Stille heißt: Rückkehr zur Bestimmung.*
> *Rückkehr zur Bestimmung heißt: Ewigkeit.*

Was die Erwartungen und Zwänge anbelangt, die von der Gesellschaft ausgehen, sind wir in der Geisteshaltung des „Wu Wei" in der Lage mit ihnen wie mit sonstigen Naturerscheinungen umzugehen. Denn uns ist bewusst: „Was ist, das ist!" – Wir nehmen andere Menschen und ihr Verhalten ebenso gelassen zur Kenntnis wie sonstige Vorgänge in der Natur. Wenn es regnet, so verwenden wir einen Schirm oder bleiben zu Hause und lesen ein gutes Buch. Wenn Regen einsetzt und wir sind ohne Schirm unterwegs, so werden wir nass und machen auch daraus kein Problem.

Ebenso reagieren wir auf die Bedürfnisse unseres Körpers. Wenn der Körper durstig ist, so geben wir ihm Wasser. Wenn er krank wird, so kümmern wir uns ohne Stress um seine Heilung. Auch wenn es früher oder später zum Sterben geht, bleiben wir entspannt, heiter und gelassen. Wir machen uns keine Sorgen, denn wir wissen um unser unvergängliches Sein Bescheid.

> *Laotse:*
>
> *Das wahre Selbst des Menschen ist ewig, doch er denkt: Ich bin dieser Körper und werde bald sterben. Wenn wir keinen Körper haben, welches Unheil kann uns heimsuchen?*

Im „Wu Wei" identifizieren wir uns weder mit der Gesellschaft noch mit unserem Körper, noch mit unserem Mental. Wir respektieren die Bedürfnisse der „äußeren" Welt, zu der auch unser Körper und unser Mental gehören, und erfühlen aus der Stille, wie wir uns im Einklang mit allem Sein optimal verhalten können.

So ist in allen Belangen unsere Einstellung zum Leben: Wir vertrauen dem Tao, wir vertrauen dem Sein. Auf diese Weise fallen alle Lasten, die wir uns aufgebürdet haben ab und wir erfreuen uns an der Herrlichkeit und Leichtigkeit des Seins.

Alle Probleme sind Einbildungen des Verstandes

Alle Probleme sind Einbildungen des Verstandes. Der duale Verstand sieht nur die vergänglichen Wellen auf der Oberfläche des Ozeans und erkennt nicht die Weite, Tiefe und Großartigkeit ihres Ursprungs.

Die Wellen des Ozeans entsprechen den „guten" und „bösen" Erscheinungen in der äußeren Welt. Auf diese vergänglichen Wellen ist der Verstand des „normalen" Menschen fixiert und übersieht dabei das Wesentliche, den unvergänglichen Ozean. Der unwissende Verstand des Menschen versucht die Wellen auf der Oberfläche des Seins zu bändigen. Er ist besessen von der Idee Wellen herzustellen, die nur ein „Wellen-Hoch" und kein „Wellen-Tief" haben. Bei dieser aussichtslosen Arbeit ist ihm nicht bewusst, dass er selbst, mit seinem Denken, diese Wellen durch rastloses Analysieren, Bewerten und Wollen verursacht.

Mit „Wu Wei" tauchen wir in die Fülle des Ozeans ein. Wir befreien uns vom ständigen Lärm zwanghafter Gedanken. Wir genießen lebendige Stille. Wir verbinden uns mit der unendlichen Tiefe, Weisheit, Schönheit und Liebe des Seins.

Alles, was wir zu tun haben, besteht darin, uns vertrauensvoll dem Fluss des Geschehens, dem Augenblick, dem Tao zu übergeben. Im Tao verzichten wir darauf unseren Ego-Willen gegen den weisheitsvollen Strom des Seins durchzusetzen.

Unser Ego-Wille ist der Verursacher von Rastlosigkeit, Stress, Ängsten und Problemen. Innerlich stille werden, achtsam und liebevoll zu schauen, was um mich und vor allem was in mir geschieht – mehr ist nicht erforderlich. Die notwendigen Entscheidungen und Handlungen ergeben sich sodann zum richtigen Zeitpunkt wie von selbst – spontan, harmonisch und mühelos. Verbunden mit dem Tao in uns wird uns alles geschenkt, was wir für unser Glück benötigen.

Laotse:

*Tao ist ewig ohne Tun,
doch nichts bleibt ungetan.*

Erlösende Weisheit – Jnana Yoga (Teil 1)

Yoga, die bewusste „Eins-Werdung"

Yoga bedeutet *„Eins-Werden"*. Vom Sinn her entspricht dieser Begriff dem Wort „Religion" (lat. *re-ligare* = rückbinden). Gemeint ist die Wiedervereinigung mit unserem Wesenskern, mit Gott.

Es gibt verschiedene Yoga-Wege. Zum Beispiel *„Karma Yoga"* (Yoga der selbstlosen Tat), *„Bhakti Yoga"* (Yoga der Hingabe) oder *„Jnana Yoga"* (Yoga der Weisheit). Sie alle dienen letztlich dazu über den Verstand hinauszugehen und das „Selbst" zu erkennen.

Der „Weg" wird oft der „pfadlose Pfad zum ziellosen Ziel" genannt. Denn es gibt dabei nichts zu „erreichen". Jeder Mensch „ist" schon vollkommen. Jeder ist schon durch und durch „göttlich". Nur nach der irrigen Ansicht unseres dualen Bewusstseins fehlt etwas. Deshalb sind wir auf der Suche. Doch gerade diese Vorstellung: „Ich bin da und mein „Glück" oder mein höheres „Selbst" oder „Gott" sind dort!" verhindert das Erwachen.

Nach dem hinduistischen Verständnis ist die Wurzel von allem Übel, von allem Leid und aller Probleme das *„Nicht-Wissen"* (Avidya). Durch Erkenntnis der *„letzten Wahrheit"* tritt hingegen Befreiung von Sorgen und Leid ein. Sodann sind wir EINS mit der Freude des Seins.

Der Ursprung aller Erscheinungen

„Nicht-Wissen" kann mit einer Verblendung durch die Erscheinungen der Welt gleichgesetzt werden. Diese Erscheinungen zeigen uns eine Vielfalt von getrennten Dingen, die nach unserer Meinung nur beschränkten Bezug zueinander haben. Zu ihnen gehört auch unser Körper. Soweit wir uns mit ihm identifizieren, sind wir ein isoliertes Lebewesen, das geboren wird, durch Freuden und Leiden hindurchgeht und nach etlichen Jahren wieder stirbt. Bei dieser Sicht haben wir die unvergängliche Kraft, die alle Erscheinungen entstehen lässt, ihre fragile Existenz ermöglicht und sodann ihre Auflösung besorgt, vergessen. Dieses Vergessen ist die Ursache aller Ängste und Nöte.

Alle großen Weisheitslehren, alle Religionen gehen davon aus, dass jedes Ding, die gesamte Natur (umfassend alle Mineralien, Pflanzen, Tiere und Menschen) aus dem universellen Geist entsteht. Die Materie kann nicht aus sich heraus Dinge und letztlich sogar Gedanken und Gefühle, Weisheit und Liebe erschaffen. Die unglaubliche Vielfalt, Schönheit und Weisheit der Schöpfung ist ein Abbild, ein Ausdruck des universellen Spirits, aus dem alle Erscheinungen hervorgehen. In vergleichbarer Weise entsteht jedes Menschenwerk, zum Beispiel ein Haus, vorerst im menschlichen Geist. Ohne die vorangehende Planung und Vorstellung der Form und der Materialien des Hauses kann kein Haus in die Erscheinung treten.

Der allumfassende Geist

Die Bhagavad-Gita beschreibt den allumfassenden Geist mit den Worten:

> *Er ist innerhalb und außerhalb aller Wesen. Er bewegt alles und ist doch selbst in Ruh. Er ist unendlich fern und dennoch nah.*

> *Er ist unteilbar und scheint doch unter allen Wesen aufgeteilt zu sein. Alle Wesen trägt er, lässt sie entstehen und untergehen.*
>
> *Er ist das Licht der Lichter. Er weilt jenseits aller Finsternis. Er ist das Subjekt, Objekt und das Ziel des Wissens. In allen Herzen ruhet er.*
>
> Gita XIII,15-17

Der universelle Geist ist grenzenlos und daher nicht mit dem Verstand greifbar. Er ist allumfassend, alles entsteht aus ihm. Er birgt unbegrenzte Möglichkeiten von Erscheinungen in sich, die jedoch nur zu einem kleinen Teil manifestiert sind. Er ist Alles und zugleich das Nichts. Alle Schöpfung ist durchdrungen von ihm und daher in der Essenz sogar identisch mit ihm. Alle Atome und daher auch jede Zelle unseres Körpers stammen aus ihm. Wie die moderne Physik aufzeigt ist alle Materie lebendig, in ständiger Bewegung. Sie besteht nur aus Energie, aus Schwingung in hoher Frequenz. Sie ist Geist in sichtbarer Form.

Die Einheit von allem Sein

Die Idee der Einheit allen Seins wird besonders deutlich und radikal von der hinduistischen *„Advaita-Philosophie"* vertreten, die sagt: *„Es gibt nur Eines und kein Zweites!"* Nach dieser Philosophie gibt es keine voneinander getrennten Dinge und Lebewesen. Trennung erscheint erst durch unseren analytischen, dual denkenden, auf die Sinneswahrnehmungen beschränkten Verstand. Was der gewöhnliche Mensch daher sieht und glaubt ist „Maya", die große Illusion. Diese große Täuschung ist die Wurzel all unserer Probleme.

Dazu eine kleine Geschichte: Der kleine Franzi hat Erstkommunion. Der Pfarrer, der die Zeremonie vollzieht, fragt die Kinder: „Wo ist Gott?" Niemand antwortet. Darauf der Pfarrer: „Wer mir sagen kann wo Gott ist, bekommt von mir eine Orange!" Da meldet sich der kleine Franzi: „Und wenn Sie, Herr Pfarrer, mir sagen können, wo Gott nicht ist, bekommen Sie von mir zwei Orangen!"

Auch der Mensch und mit ihm sein Geist und seine Schöpferkraft gehen auf den universellen Geist zurück. Doch wir sind nicht nur ein Produkt des universellen Geistes, sondern man kann sagen, unser individueller Geist trägt alle Gene des *„Gott-Geistes"* in sich. Wir sind nicht alleinstehende Individuen. Wir sind auch nicht nur ein Teil eines Ganzen. Sondern wir sind *„individualisierter universeller Geist"* – ein scheinbarer Widerspruch? Wir sind potentiell individualisierte „Gottheiten", das heißt unsterblich, unbegrenzt und vollkommen. Wenn wir das erkennen und leben könnten, hätten wir alles erreicht.

Vollkommenheit

Die Weisheit und Vollkommenheit der Lebensbedingungen auf unserer Erde, die wunderbar lebensspendende Kraft unserer Sonne und die über das Fassbare hinausgehende grenzenlose Weite des Kosmos sind offenkundig. Die Herrlichkeit und Vollkommenheit allen Lebens zeigen sich in der verschwenderischen Vielfalt und Schönheit der Mineralien, Pflanzen und Tiere. Der Mensch allerdings scheint ein Sonderfall zu sein. Zugegeben auch sein Körper, seine Denk- und Gefühlsfähigkeit sind unbegreifliche Wunderwerke. Doch so wie er zwischen Freude und Leid hin und her pendelt, wie er seine Umwelt zerstört und Kriege führt, wie er von Hass, Neid und Gier getrieben ist, wie er sich immer wieder ärgert und sich Sorgen macht, sich stresst und abkämpft, muss irgendetwas bei seiner Schöpfung schief gelaufen sein! Oder befindet sich auch dahinter verborgen die Weisheit und Vollkommenheit des universellen, allumfassenden Geistes?

Der Mensch, *„die Krone der Schöpfung"*, der laut Altem Testament zum *„Ebenbilde Gottes"* geschaffen wurde, unterscheidet sich von den Tieren insbesondere durch seine Fähigkeit zur *Reflexion*. Er kann sich und die Welt nicht nur wahrnehmen und instinktiv auf Ereignisse reagieren, sondern er kann über all seine Erfahrungen „Nach-Denken" und „Vor-Denken". Er betrachtet, was war, beurteilt es und macht sich Gedanken darüber, was sein wird. Die Basis dieser Reflexionen ist sein Gedächtnis. Mit seiner Hilfe kann der Mensch immer wieder über Vergangenes „nach-denken" und sich die Zukunft „aus-denken".

Segen und Fluch der Denkfähigkeit

Die spezielle Art, wie unser Denken „programmiert" ist, wurde uns vom universellen Geist vorgegeben. Wir haben uns das nicht „erdacht" oder ausgesucht. Dieses Programm, vergleichbar mit einem Computer-Programm, ist unglaublich intelligent aufgebaut. Man kann es weder als „gut" noch als „schlecht" bezeichnen. Es ist wie alles, was aus dem universellen Geist entspringt, vollkommen. Wir Menschen können entscheiden, wie wir von diesem Programm Gebrauch machen. Je nach der Art der Verwendung ist unsere Denk- und Reflexions-Fähigkeit ein Segen oder ein Fluch.

Der *„Segen"* der Denkfähigkeit besteht darin, dass sich der Mensch, wie in der Schöpfung vorgesehen, mit ihrer Hilfe die Welt weitgehend „untertan" (siehe 1.Mose 1,28) machen konnte. Wir verdanken unserem Denken viel „Wissen" um die Naturgesetze. Alle technischen und medizinischen Errungenschaften der heutigen Zeit beruhen auf unserem Denkvermögen. Aus diesem Denken entspringen die Geschenke wie Wohngebäude, Wasser aus der Wasserleitung, Kanalisation, Strom aus der Steckdose, Straßen, Autos, Telefon, Bekleidung, Nahrungsmittel, die man an jeder Ecke kaufen kann, medizinische Versorgung und vieles andere. Sie sind uns so selbstverständlich geworden, dass viele auf Dankbarkeit längst vergessen haben.

Das „Geschenk" unseres Denkprogramms geht weit über das „Wissen um die Naturgesetze" hinaus. Es ist die Basis der Freiheit des Menschen. Darauf werde ich später näher eingehen.

Und nun wollen wir uns mal den *„Fluch"* unseres *„Denkprogramms"* näher anschauen. Wir wollen uns fragen: Weshalb ist das Leben für die meisten Menschen wenig freudvoll? Weshalb haben die Menschen jede Menge Ärger und Stress? Weshalb machen sie sich Probleme und Sorgen? Weshalb sind sie nie restlos glücklich und zufrieden?

Mit „Viel Wissen" ist nicht zwangsläufig Weisheit verbunden. Das Leiden der Menschen resultiert aus ihrer Sucht die Welt in Kategorien von „gut" und „böse" einzuteilen. Der Ursprung dieser Sucht wird im Gleichnis vom *„Sündenfall"* im 1.Buch Mose 2,16 ff treffend geschildert.

Wählen ohne negative Emotionen

Es gehört zum Überlebenstrieb des Menschen, das auszuwählen, was für seinen Körper und sein Gefühlsleben angenehm und förderlich ist und das zu meiden, was nicht so gut „schmeckt" oder vielleicht sogar gesundheitsschädlich oder gefährlich ist.

Auch Tiere folgen diesem Trieb in perfekter Weise. Eine Ziege auf der Weide wählt zuerst die wohlschmeckendsten Kräuter. Gibt es diese nicht mehr, so frisst sie die nächstbesten. Sie ist allerdings dabei immer im Einklang mit dem, was sie vorfindet. Sie ärgert sich nicht darüber, wenn die besten Kräuter nicht mehr vorhanden sind. Sie beschuldigt nicht ihre Weidegenossen, dass sie zu gierig gefressen haben. Sie denkt nicht darüber nach wie schön es gestern war. Sie sagt sich nicht: „Gestern war es so herrlich auf dieser Wiese und wie schrecklich ist es heute!" Sie bedauert sich nicht: „Ach wie arm ich jetzt bin, dass ich andere Pflanzen fressen muss!". Sie beneidet keine anderen Ziegen auf der Nachbarweide, die vielleicht bessere Kräuter haben. Sie stresst sich nicht und schmiedet nicht rastlos Pläne wie sie zu besseren Gräsern kommt. Sie sorgt sich nicht um den nächsten Tag. Und sie betet auch nicht zum Himmel, dass Gott ihr in ihrer Not zu Hilfe kommt.

Der Mensch erlebt Angenehmes und Unangenehmes. Durch seine Reflexionsfähigkeit erinnert er sich an das, was ihm gefallen hat und an das, was ihm nicht gefallen hat. Soweit so gut. Doch jetzt beginnt sein Drama: Er beurteilt das, was angenehm war, als „gut" und das, was ihm nicht so gut gefallen hat, als „schlecht" („böse"). Statt einfach mit dem zufrieden zu sein, was ihm das Schicksal jeweils zuteilt, „entscheidet" er (unbewusst) bei der Begegnung mit dem, was er als angenehm und daher als „gut" einstuft, glücklich zu sein. Begegnet er dem, was er als „schlecht" beurteilt, so „entscheidet" er (reflexartig) zu leiden und unglücklich zu sein. Er erkennt dabei nicht, dass sein „Bewerten" die Dinge „gut" oder „böse" macht. Er erkennt nicht, dass er fortwährend selbst über sein Glücklich- und Unglücklich-Sein entscheidet. Sein kleiner, begrenzter Verstand zeigt ihm nicht alle Zusammenhänge. Er zeigt ihm nicht den Sinn der angenehmen und unangenehmen Erscheinungen. Er zeigt ihm nicht den Sinn des Auf und Ab in seinem Leben. Deshalb lehnt er sich gegen das auf, was ihm missfällt und versucht, das zu erreichen, von dem er sich sein Glück erhofft. Er liebt nicht das Sein wie es ist, sondern entwickelt inneren Widerstand und äußeren Kampf. Er beginnt zu strampeln, sich zu ärgern, sich zu quälen, zu rennen, sich zu sorgen, sich zu stressen.

Würde er ohne emotionale Bewertung zwischen den Möglichkeiten, die ihm das Leben anbietet, *„wählen"*, so wäre er mit dem glücklich und zufrieden, „was jetzt ist und was kommen mag". Denkt er nicht unnötig darüber nach, was „schlecht und gut" war, und macht er sich keine Sorgen um das, was in Zukunft sein könnte, so hätte er keine Probleme.

Wir sollten dabei eines beachten: Die Befreiung erfolgt nicht indem wir sinnlos dulden und leiden. Wir können ohne uns zu sorgen, ohne daraus ein Problem zu machen, unter den sich anbietenden Möglichkeiten auch für die Zukunft wählen. Das Schicksal bietet uns tausende Möglichkeiten und es macht keine Fehler, denn es ist Teil der allumfassenden Vollkommenheit.

Widerstand gegen das, was ist

Du musst nichts tun (Wu-Wei), die Tafel ist für alle überreich gerichtet. Du brauchst nur nach deinen individuellen Bedürfnissen zu wählen.

Doch das Drama setzt sich fort: Je heftiger die Ablehnung, der Ärger, das Selbstbedauern desto stärker klebt der Mensch gedanklich an der Vergangenheit. Je mehr ihm etwas gefallen hat, desto lebhafter begehrt er es und wünscht, es in der Zukunft zu bekommen. Je mehr ihm etwas missfällt, desto mehr Angst entwickelt er, dass die Zukunft ihm solches wieder bringen wird.

Diese Sorge ist die Ursache der ständig im Gehirn um Vergangenes und Zukünftiges kreisenden Gedanken. Kreisende Gedanken vertreiben den Menschen aus seinem ursprünglichen Frieden und seiner Glückseligkeit. Fast bei allen Menschen hat sich das oben erwähnte „Computer-Reflexions-Programm" verselbstständigt. Es arbeitet ungefragt pausenlos. Es treibt ihn ständig an zu werken um seine Umwelt so zu verändern, dass sie endlich seiner Vorstellung von „gut" entspricht, in der Hoffnung dann endlich glücklich zu sein.

Mit der Bewertung von „gut" und „böse", mit dem Widerstand gegen das, was ist und mit dem Begehren nach dem, was nicht ist, entsteht ein vom universellen Geist getrenntes, künstliches Wesen namens „Ego". Doch auch dieses Ego ist Teil der allumfassenden Vollkommenheit.

Erlösende Weisheit – Jnana Yoga (Teil 2)

Es ist deine Entscheidung

Der Mensch ist nicht nur ein Geschöpf des universellen Geistes, wie dies für Mineralien, Pflanzen und Tiere gilt, sondern ist selbst mit *„Schöpfer-Kraft"* ausgestattet. Er hat grundsätzlich die *„Freiheit"* sein Leben, seine Umwelt, sein Schicksal im Rahmen der universellen Gesetze selbst zu gestalten. Bei ihm liegt die Entscheidung, ob er den Weg zur *„individualisierten Gottheit"* gehen will.

Wie im letzten Kapitel angesprochen, entstammen alle Erscheinungsformen dem universellen Bewusstsein. Sie sind durch und durch eins mit dem allumfassenden Sein, auch „Gott" genannt, doch sie haben in der Regel kein Bewusstsein von dieser Göttlichkeit. Jeder Mensch trägt in sich die „Anlage" dieses Bewusstsein zu verwirklichen. Damit erfüllt er seine höchste Berufung. Er wird zu einer *„individualisierten Gottheit"* und auf diese Weise unsterblich, unbegrenzt und vollkommen.

Jedem Menschen werden auf seinem Erden-Weg, der ihm die Chance zur Selbstverwirklichung (Verwirklichung der individuellen Gottheit) gibt, folgende „Werkzeuge" mit gegeben:

- der **Körper** mit seinen fünf Wahrnehmungsmöglichkeiten (Sehen, Hören, Tasten, Schmecken, Riechen)
- der **Mind** (bestehend, kurz gesagt, aus: Denken, Erinnerung, Verhaltensmuster, Fühlen, Wollen...)

- der *göttliche „Funke"* (auch das SELBST, der Atman, der Buddha oder Christus in dir genannt).

Die drei Gunas

Unser Mind wird nach alter indischer Weisheit von den drei Gunas (Sanskrit – Eigenschaften, die die „Urmaterie" bilden) geprägt:

- *Rajas* = Tatendrang, Leidenschaft, Rastlosigkeit, Schöpferkraft, Energie
- *Tamas* = Trägheit, Genusssucht, Dunkelheit, Chaos
- *Sattva* = Einsicht, Klarheit, Güte, Harmonie,

Jeder kann bei entsprechender Selbstbeobachtung diese Eigenschaften in seinem Seelenleben erkennen. Der Charakter und das Verhalten eines Menschen werden von seinen individuellen Guna-Kräften geprägt. Diese, von der Natur uns mitgegebenen Kräfte, sind wichtige Werkzeuge um unsere Mission auf der Erde zu erfüllten. Wir benötigen *Rajas* um uns tatkräftig mit unseren Lebensaufgaben auseinander zu setzen und um schöpferisch zu wirken. Herrscht Rajas vor, so führt dies zu hoher Aktivität. *Tamas* sorgt für Erdverbundenheit. Bei intensiver Ausprägung verursacht es eine starke Bindung an den Körper. Durch *Sattva* werden Rajas und Tamas in sinnvolle Bahnen gelenkt. Sattva schenkt dem Menschen Weisheit und Ausgeglichenheit und ermöglicht ihm letztlich sich über seine Guna-Natur zu erheben.

Unser Ego

Die enge Verbindung unseres SELBST (göttlicher Funke in uns) mit unserem Körper und unserem Mind führt dazu, dass dieses Selbst verschleiert wird. Wie Wolken die Sonne verdecken, so verdeckt die einseitige Wahrnehmung der materiellen Welt unseren Wesenskern. Zugleich kommt es zur Ausgestaltung eines Egos. Dieses Ego ist geprägt von seiner Identifikation mit dem Körper, mit seinem Denken und seinen Gefühlen. Es funktioniert gemäß dem Programm seines dualen „Gut-Böse"-Denkens. Doch es vergisst dabei seinen göttlichen Ursprung. Es glaubt an das „Schlechte" und „Unvollkommene" in der Welt. Es kämpft dagegen an und erzeugt es auf diese Weise für sein eingeschränktes Bewusstsein. Es hat Ängste und Sorgen und eilt auf Irrwegen seinem Glück hinterher.

Das „Ego", das „Böse", das „Unvollkommene" sind Produkte des dualen Denkens. Sie bilden für den Menschen eine mächtige „Schein-Wirklichkeit" (Maya), in der er, wie in einem Spinnennetz gefangen, zappelt.

Der richtige Umgang mit den Gunas, mit den in uns wirkenden Naturkräften, besteht darin

- a. sie zu beobachten,
- b. sie als Manifestationen des universellen und individuellen Geistes zu erkennen und
- c. sich nicht mit ihnen zu identifizieren.

Die Transformation

Ausführlich beschrieben werden die drei Gunas und ihre Transformation in der Bhagavad-Gita, insbesondere im Kapitel XIV. Hier lesen wir:

> *„Wer gelassen beobachtet, ungestört von den materiellen Erscheinungen, wer abseits steht, ohne zu schwanken, wissend, dass es nur die Guna-Kräfte sind, welche handeln,*
>
> *wer Schmerz und Freude für gleich erachtet, in seinem eigenen Selbst wohnt, wer einen Erdklumpen, einen Stein, ein Stück Gold als gleich erachtet, wer bei Ange*

nehmen und Unangenehmen derselbe bleibt, starken Sinnes ist, von Tadel und Lob unberührt,

wer in Ehre und Unehre, gegen Freunde und Feinde derselbe bleibt, für wen Tun und Nicht-Tun keinen Unterschied macht, der gilt als über die Erscheinungen erhoben.

Wer mir (Krishna – dem eigenen Selbst) mit unerschütterlicher, liebender Hingabe dient, erhebt sich über die drei Erscheinungsweisen; er ist tauglich, zu Brahman (universelles Bewusstsein) zu werden.

Gita 14.22-14.25

Wie sind diese Worte der Gita zu verstehen und wie können wir sie praktisch umsetzen?

- Wir beobachten im Laufe des Tages, so oft wie möglich, die äußeren Vorgänge und das, was sich in unserem Denken und Fühlen ereignet, gelassen und liebevoll und sind uns dabei stets bewusst, dass dies nur vergängliche „Erscheinungen" sind;
- Wir beobachten gelassen und liebevoll die Ängste unseres Egos, seine Sorgen nicht „genug" zu haben, nicht genügend anerkannt und geliebt zu werden, Krankheit und Tod zu erfahren;
- Wir beobachten gelassen unsere Freuden, unsere Erfolge und unseren Stolz und sind uns dabei ihrer Bedeutung und Vergänglichkeit bewusst;
- Wir erledigen gelassen, was der Tag an Aufgaben an uns heranträgt und überlassen dem Universum welche Früchte unseres Tuns sich einstellen;
- Wir kämpfen nicht, wir eilen nicht, wir lassen uns nicht hetzen, sondern vertrauen darauf, dass alles einen guten Weg geht und dass letztlich nichts der universellen Vollkommenheit entgehen kann.

- Wir sind uns stets bewusst: *„Der Mensch denkt, Gott lenkt!"*

Radikales Vertrauen

Wahre Liebe zum Sein und zu allen Wesen auf unserer Erde kann nur durch radikales Vertrauen auf die Vollkommenheit des universellen, alldurchdringenden Bewusstseins verwirklicht werden. Das bedeutet, wie die Gita lehrt, die ständige *„unerschütterliche, liebende Hingabe zu Krishna"*, zum *„göttlichen Funken"* in mir. Dieser „Funken", (das Selbst) ist immer in uns gegenwärtig, doch meist unbemerkt. Doch wir können ihn – den unsichtbaren – wahrnehmen, wenn wir uns bewusst machen:

- „Wer steckt hinter dem neutralen Beobachter?"
- „Wer wirkt hinter dem Denken und Fühlen?"
- „Woher kommen unsere Liebesfähigkeit, unser Sinn für Schönheit, unser Bewusstsein?"
- „Woher kommen unsere Fähigkeit zu Erkenntnis, Freiheit und Glückseligkeit?"

und du wirst erfahren:

- Wenn du neutral beobachtest (reine Wahrnehmung praktizierst), kannst du zugleich das Selbst als den Beobachter bemerken.
- Wenn du neutral liebst, kannst du zugleich den Liebenden erkennen.
- Wenn du reine Glückseligkeit erfährst, erfährst du auch das Selbst.

Unser Selbst

In der *„Kena-Upanischad"* (Upanischaden = Sammlung hinduistischer Weisheits-Lehren, niedergeschrieben ca. 700 bis 200 v.Chr.) lesen wir über das Selbst:

„Das Selbst ist weder das Bekannte noch das Unbekannte.
Es ist das, was die Zuge sprechen lässt aber nicht von der Zunge gesprochen werden kann.
Es ist das, was das Auge sehen lässt, aber nicht von den Augen gesehen werden kann."
„Dieses Selbst ist niemand anderes als du."
„Das Selbst wird realisiert, wenn du die irrige Meinung durchbrochen hast, du seist der Körper und du seist Geburt und Tod unterworfen.
Das Selbst zu sein bedeutet, über den Tod hinauszugehen."

Für diejenigen, die sich eingehend mit den Weltreligionen und großen Weisheitslehren der Menschheit auseinander setzen, ist es eine Freude zu erkennen, dass die Essenz all dieser Lehren sich nur unwesentlich von den viele Jahrtausende alten indischen Lehren unterscheidet. Für alle gilt als höchstes Lebensziel: die Verwirklichung des „Selbst".

Verwirklichung bedeutet in diesem Kontext nichts anderes als sich der allumfassenden und alldurchdringenden Gottheit bewusst zu werden. Diese Gottheit hat viele Namen wie zum Beispiel Krishna, Atman, Brahman, Tao, Buddha, Jehova, Christus, Allah... Alle großen Weisheitslehren erklären: „Diese Gottheit ist in dir! – Du bist diese Gottheit!"

Wie kann es anders sein, wenn Gott allumfassend und alldurchdringend ist? Wer lässt dein Auge sehen, deine Zunge sprechen, dein Gehirn denken, dein Herz fühlen? Was trägt dein kleines Ich dazu bei?

Alles ist Gott, alles ist vollkommen so wie es ist. Das Dunkle, Böse, Unvollkommene in der Welt entsteht nur aus der Abwesenheit von Licht in unserem Bewusstsein. Es hat keine eigene Existenz. Es hat nur scheinbare Kraft. Sobald sich in einem dunklen Raum Türen und Fenster für das Licht öffnwn ist die Dunkelheit verschwunden.

Die Dunkelheit des Ego-Bewusstseins, mit all seinen Leiden verhilft uns des Lichtes in uns bewusst zu werden. Sie hilft uns unser individuelles Gott-Sein zu erkennen.

Der Pfad des friedvollen Kriegers – Teil 1

(Orginal-Titel: Way of the Peaceful Warrior)

Es gibt keine gewöhnlichen Augenblicke

"Es ist niemals gar nichts los. So etwas, wie gewöhnliche Augenblicke gibt es nicht!" Das ist die Kern-Botschaft des „friedvollen Kriegers". Diese Erfahrung können allerdings nur jene Menschen verwirklichen, denen es gelingt, die ständig plappernden Gedanken abzustellen und tief in das „Jetzt" einzutauchen.

Wie ich vermute, kennen viele Leser das Buch oder/und den Film von Dan Millman. Aus diesem Grund will ich den vorwiegend autobiographischen Inhalt nur kurz darstellen und sodann auf einige sehr schöne philosophisch/spirituelle Inhalte näher eingehen.

Getragen wird die Erzählung von den in Ich-Form geschilderten Erlebnissen und Krisen des jungen College-Studenten Dan. Dieser lernt bei einer kleinen Tankstelle mit einer ärmlich anmutenden Werkstatt den Inhaber derselben, einen älteren Mann mit merkwürdigen Fähigkeiten kennen. Dan nennt ihn spaßhalber „Socrates" weil ihn dieser gleich zu Beginn ihrer Begegnung durch sein Auftreten und seine „Weisheiten" erstaunt. Socrates wird im Laufe der Geschichte zum „Lebens-Lehrer" für Dan. Mit seiner Hilfe vollzieht Dan eine Verwandlung vom jungen, orientierungslosen, manisch-depressiven, egozentrischen Draufgänger und Frauenhelden zu einem Mann, der immer klarer sich selbst, seine Berufung und den Sinn des Lebens erkennen darf.

Es kommt selten vor, dass ein Film qualitativ der Romanvorlage entspricht. Im vorliegenden Fall wurde im Film die Essenz des Buches wunderbar zusammengefasst und in großartigen Szenen und Bildern zum Ausdruck gebracht. Es lohnt sich daher sowohl den sehr schwung- und humorvollen Film anzuschauen als auch das Buch zu lesen, in welchem manche Weisheiten ausführlicher und tiefer dargestellt werden.

Den Müll aus dem Kopf entfernen

Wie ein roter Faden zieht sich durch die Erzählung der Hinweis von Socrates, dass vorerst der „Müll" aus dem Geist zu entfernen ist, um sich für eine neue Lebens-Dimension zu öffnen. Weisheit, innerer Frieden, liebevolle Hingabe an das „Jetzt", an alle Menschen, an alles Sein sind nur zu erlangen, wenn wir über unser zwanghaftes, mechanisches Denken hinausgehen. Nur in der totalen Gegenwärtigkeit können wir das Leben „leben", lieben und wert schätzen.

➤ • Zitat (Buch Seite 25 – 6. Aufl. Ansata-Verlag)

Während Socrates den Teekessel mit Quellwasser aus dem Wasserspender füllte, erklärte er: „Auch du, Dan, bist voll von unnützem Wissen. Du schleppst viele Informationen über die äußere Welt mit dir herum. Über dich selbst aber weißt du wenig."
„Was hast du vor mit mir? Willst du mich vielleicht mit deinen Informationen füllen?" protestierte ich.
„Nein, nein, ich will dich nicht mit neuen Informationen vollstopfen. Ich will dir das „Körper-Wissen" zeigen. Alles was du wissen musst, steckt in dir. Alle Geheimnisse des Uni-

versums sind in deinen Körperzellen enthalten. Aber du hast den Blick nach innen noch nicht gelernt. Du kannst nicht in deinem Körper lesen. Bisher hast du nur Bücher gelesen und deinen Professoren gelauscht – und gehofft, sie mögen Recht haben. Aber wenn du das „Körperwissen" gelernt hast, wirst du ein Lehrer unten den Lehrern sein."
Ich gab mir Mühe, nicht spöttisch zu grinsen. Dieser alte Tankwart wollte behaupten, dass meine Professoren unwissend seien und meine Collegebildung nutzlos!
„Klar Socrates, ich verstehe. Aber diese Idee, von deinem Körperwissen, die kaufe ich dir nicht ab."
Er schüttelte den Kopf. „Dan, du magst dies und das verstehen – aber erkannt hast du nichts."
„Sag mal, was soll das wieder heißen?"
„Verstehen, weißt du, ist eindimensional. Es ist ein Begreifen mit dem Intellekt. Das Ergebnis ist Wissen, wie du es hast. Erkennen hingegen ist dreidimensional. Es ist ein Begreifen mit dem ganzen Körper – mit Kopf, Herz und Instinkten zugleich. Die Voraussetzung dafür ist eine klare Erfahrung."...

Die reine Wahrnehmung

> • Kommentar:

Unser „Wissen" beruht gewöhnlich auf der dualen Funktion unseres Verstandes. Dieser Verstand funktioniert nach einem bestimmten „Programm", wie in den letzten beiden Kapiteln dargestellt. Damit bleiben wir an der Oberfläche der Erscheinungen. Tiefer eintauchen können wir in das „Wesen" des Seins erst dann, wenn wir gelernt haben unser gewöhnliches Denken anzuhalten. Diesen meditativen Zustand nennt man „Reine Wahrnehmung". Er erfordert ein inneres Stille-Werden, Nicht-Beurteilen, Nicht-Analysieren, Nicht-Wollen, ein totales Präsent-Sein und Hingabe an das, was sich um mich und vor allem in mir ereignet.

In einem Kapitel versetzt Socrates Dan in einen visionären Zustand in dem er die Welt, seine Mitmenschen und sich selbst aus einer höheren Warte beobachten kann (Szene in der Turnhalle, wo Socrates und Dan hoch oben auf den Stahlträgern der Halle sitzen). Dan kann die ständig kreisenden, freudigen und sorgenvollen Gedanken und Gefühle der Menschen wahrnehmen.

➢ • Zitat: (Buch Seite 57)

So erlebte ich alle Gefühle, ich hörte jeden Schrei aus der Not, hörte jedes befreite Lachen. Alle Situationen des menschlichen Lebens lagen offen vor mir. Dies alles spürte ich – und ich verstand.

Die Welt war voll von Gedanken, die schneller umher wirbelten als der Wind, stets auf der Suche nach Ablenkung und Vergnügen, stets auf der Flucht vor Traurigkeit, vor dem Dilemma von Leben und Tod, stets nach Sicherheit strebend, nach dem Sinn des Lebens fragend; nach dem Glück suchend, nach der Lösung des Großen Rätsels forschend.

Die Menschen waren alle unterwegs auf einer verzweifelten Suche. Doch niemals erreichten sie ihr erträumtes Ziel. Das Glück wartete auf sie – nur um die Ecke. Aber die Menschen liefen immer daran vorbei. Schuld war ihr rastloser Gedankenfluss, ihre Ideen und Vorstellungen…

Ich hatte das Leid der Welt gesehen, die Situation des seinen Gedanken ausgelieferten Menschen. Ich war todtraurig. Es gab keinen Ausweg…

Socrates in dir

➢ • Kommentar:

Es spielt keine Rolle ob Socrates, wie ihn Millman schildert, einer realen Person entspricht. Jeder Mensch trägt einen

„Socrates" in sich. Millman nennt es das „Körperwissen". Jeder hat einen Weisheitslehrer, einen göttlichen „Krishna" in sich, wie wir ihn aus der Bhagavad-Gita kennen. Ob „Buddha" oder „Jesus" real auf der Erde gelebt haben, ist für uns unbedeutend, denn jeder trägt den Buddha oder Jesus in sich. Wir müssen deshalb die Aufmerksamkeit von der äußeren Wahrnehmung auf die innere verlegen. Dort finden wir alle Antworten auf unsere Fragen, dort finden wir die „Wirklichkeit" und nicht nur Projektionen unserer Gedanken-Muster.

Wir vertrauen viel zu sehr dem Inhalt unserer Gedanken. Doch unser Verstand, geprägt von unseren Genen, von unserer Erziehung, von der Gesellschaft, von unseren Wünschen und Ängsten kann die Wahrheit, die Schönheit und Fülle des Lebens, unser Sein jenseits von Geburt und Tod nicht schauen. Er kann uns bestenfalls zeigen, dass wir nichts wissen.Das versucht der Buchautor mit dieser Szene aufzuzeigen –

> • Zitat: (Seite 27)

Socrates fragt Dan: „Wo bist du?"
Dan antwortet: Wo soll ich sein? Natürlich „hier"!
Doch Socrates fragt und bohrt weiter: „Wo ist hier?"
Und das Spiel geht so weiter:
Dan: „In diesem Büro in der Tankstelle"
„Wo ist diese Tankstelle?"
„In Berkely."
Socrates fragt immer weiter: „Wo ist Berkely?" u.s.w.
Und Dan antwortet anfangs geduldig, später ungeduldig:
„In Kalifornien", „In den Staaten", „auf der Erde", „im Sonnensystem", „im Universum".
„Und wo" grinste Socrates, „ ist das Universum?"
„Woher soll ich das wissen?"
„Ja, das ist der springende Punkt. Du kannst es nicht wissen, und du wirst es niemals wissen. Das zu wissen ist unmöglich. Du weißt also nicht wo das Universum ist, und folglich

weißt du nicht wo du bist. Tatsache ist, du kannst überhaupt nicht wissen wo etwas ist. Du kannst auch nicht wissen wie etwas ist oder wie es entstanden ist. Alles ist ein Rätsel."

Socrates besann sich einen Moment. „Meine Unwissenheit beruht auf dieser Erkenntnis. Deine Erkenntnis beruht auf Unwissenheit. Ich bin ein spaßiger Narr! Du bist ein ernsthafter Esel!"

> • Kommentar

Dieses Frage- und Antwortspiel zwischen Socrates und Dan, zeigt die Grenzen unseres Verstandes auf. Erst wenn wir Einblick in die Dimension jenseits von Raum und Zeit gewinnen, ist Befreiung möglich.

Zwanghaftes Denken

> • Zitat: (Seite 69)

Socrates: „Dein Denken ist das illusorische Ergebnis einfacher Hirnvorgänge. Es wuchert – wie ein Tumor. Es umfasst all die zufälligen, ziellosen Gedanken, die aus dem Unterbewusstsein ins Bewusstsein aufsteigen. Aber Bewusstsein ist nicht gleich Denken! Aufmerksamkeit ist nicht gleich Denken. Gewahrwerden ist nicht gleich Denken. Das sogenannte Denken ist eine Störung, ein geistiger Kurzschluss. Es ist ein Irrtum in der Evolution des Menschen, ein eingebauter Fehler im menschlichen Experiment. Mit dem, was du Denken nennst, kann man nichts anfangen..."

„Socrates" flehte ich. Soll ich mir etwa den Kopf abschneiden, nur um das Denken loszuwerden?"

„Das wäre eine mögliche Therapie", grinste er, „aber sie hat unangenehme Nebenwirkungen. Das Gehirn ist ein Werkzeug mit dem wir allerhand anfangen können. Es kann Telefonnummern speichern, es kann mathematische Gleichungen lösen und Gedichte ersinnen. So arbeitet es für den Rest

unseres Körpers, fast wie ein Traktor. Aber was ist, wenn du nicht mehr aufhören kannst zu denken, wenn dir dauernd mathematische Gleichungen oder Telefonnummern einfallen und deine Gedanken unaufhörlich um Erinnerungen kreisen, ohne dass du es willst? Das ist nicht mehr dein Gehirn, das funktioniert, sondern dein Denken, das ziellos umherschweift. Dann bist du der Sklave deiner Gedanken und dein Traktor rast steuerlos durch die Gegend."

Erwachen zum Selbst

➢ Kommentar:

Der erwachte Mensch hat erkannt, dass die Welt mit ihrer unendlichen Weite und Weisheit nicht mit dem Verstand fassbar ist. Doch wir können über den Verstand hinausgehen, indem wir vorerst zu unterscheiden lernen, was vergänglich und was unvergänglich ist. Die unendlich vielfältigen Erscheinungen kommen und vergehen. Ebenso ist der Mensch, solange er nur diese äußeren Erscheinungen kennt und an ihnen hängt, dem Werden und Vergehen unterworfen. Erst wenn er sich mit seinem unvergänglichen „Selbst" verbindet, erlangt er Weisheit und Unsterblichkeit.

> *Hell, aber verborgen wohnt das Selbst im Herzen*
> *Alles, was sich bewegt, atmet oder sich schließt, lebt im Selbst.*
> *Es ist die Quelle der Liebe und mag durch die Liebe erfasst werden,*
> *aber nicht durch das Denken.*
> *Es ist das Ziel des Lebens, erreiche dieses Ziel!*
>   Mundaka-Upanischad (Übers. v. Eknath Easwaran)

Welche Vorschläge „Socrates" anbietet, um uns von den Zwängen unseres Verstandes zu befreien und um in die Freude des „Jetzt" einzutauchen und andere Anregungen, um sich mit dem „Selbst" zu verbinden, wird im Folgenden erläutert.

Der Pfad des friedvollen Kriegers – Teil 2

Verantwortung übernehmen

➢ Zitat (Seite 38)

"Sokrates erteilte mir viele kleine Lektionen, die mir allmählich einen neuen Blick auf die Welt eröffneten. Eines Abends hatte ich mich beklagt, wie unfreundlich und unfair meine Mitschüler am College zu mir wären.
Leise und eindringlich sagte Sokrates:
"Übernimm lieber du selbst die Verantwortung für dein Leben, statt anderen Menschen oder den Umständen Schuld zu geben. Mach die Augen auf und erkenne, dass dein Glück, deine Gesundheit und deine ganze Situation im Leben von dir selbst verursacht sind – ob bewusst oder unbewusst..."
"Erst wenn du bereit bist, die volle Verantwortung für dein Leben zu übernehmen, kannst du ein voll entfalteter Mensch werden. Dann erst wirst du erkennen, was es heißt, ein Krieger zu sein..."

➢ Kommentar

Eine Grundvoraussetzung um den „Pfad des Kriegers" zu beschreiten, besteht darin, zu erkennen, dass unser Universum von vollkommener Liebe, Weisheit und Ordnung durchdrungen ist. Unsere Lebensumstände entsprechen unserem Denken und unseren Entscheidungen. Unser Leben heute entspricht unseren Überzeugungen von gestern. Wer an Mangel und Überlebenskampf glaubt und deshalb von

Sorgen, Neid oder Gier geplagt wird, wird Probleme, Mangel und Stress ernten. Wer erkennt, dass uns unendliche Fülle, Energie und Liebe zur Verfügung stehen, der wird aus diesen Quellen schöpfen.

Jeder Mensch ist seit Zeiten, die weit über seine derzeitige Inkarnation hinausreichen, Schöpfer seiner Welt. Er ist es, der sich seine Eltern, seinen Körper und seine Lebensumstände ausgesucht hat.

Die Menschen unterscheiden sich vor allem darin, ob sie sich der Verantwortung für die Art ihres Seins – sowohl im Außen als auch im Inneren – bewusst sind oder nicht.

Demnach beruhen Selbstmitleid, Gefühle der Ohnmacht, Verzweiflung, Überforderung und Depression auf bedauerlicher Unwissenheit.

Sich verändern

> ➢ Zitat (Seite 69-70)

Dan: „Hör mal, Sokrates, ich denke..."
„Du denkst zu viel!"
„Ich wollte nur sagen, ich bin wirklich bereit, mich zu ändern. Das ist das Besondere an mir, ich bin immer offen für eine Veränderung."
„Das", polterte Sokrates, „ist deine allergrößte Illusion! Du bist vielleicht bereit, deine Kleidung zu ändern, deinen Haarschnitt, Frauen, Jobs und Wohnungen. Du bist bereit, alles zu ändern – außer dich selbst. Aber du wirst dich ändern, das verspreche ich dir. Entweder gelingt es mir, dir die Augen zu öffnen, oder die Zeit wird es tun. Und die Zeit ist nicht immer ein sanfter Lehrer, darauf kannst du dich verlassen.
Du kannst dich entscheiden", sagte er dann versöhnlicher, „aber zuerst musst du erkennen, dass du in einem Gefängnis bist. Erst dann können wir deinen Ausbruch planen."

➢ Kommentar

Wer sich wahrhaft verändern will, muss als allererstes erkennen, wie sehr er in Gedanken und Verhaltensmuster verstrickt ist. Das kann nur durch konsequente Innenschau, sprich: fortlaufende Beobachtung der Gedanken und Gefühle, der Spiele des Egos, der sinnlosen Eitelkeiten, Wünsche und Sorgen, der zwanghaft um die Vergangenheit und Zukunft kreisenden Gedanken erfolgen.

Im Leben eines jeden Menschen gibt es viele Ziele, die er zu erreichen versucht. Doch es gibt ein Ziel, welches sich radikal von allen anderen unterscheidet. Es ist das Ziel aller Ziele. Es ist die Erkenntnis des Ursprungs von allem Sein. Es ist die Verwirklichung des „Selbst". Die Evangelien nennen es das „Reich Gottes" und erklären dazu: „Suchet zuerst das Reich Gottes und alles andere wird euch hinzugegeben!" Doch wo finden wir dieses „Reich"? Darauf geben die Evangelien, ebenso wie alle großen Weisheitslehrer die einzig richtige Antwort: „Das Himmelreich ist in dir!" Es ist also leicht zu finden. Wir müssen unseren Blick einfach nach innen wenden.

Die Kraft des Höchsten bewirkt in uns die Sehnsucht nach dem Licht. Sie drängt uns zum Verstehen und Erkennen. Wir können dieser Sehnsucht entsprechen oder uns ihr verschließen.

Wir haben die Wahl, uns für den Blick nach innen zu öffnen oder in Unwissenheit zu verharren. Wir haben stets die Wahl zwischen Licht und Dunkelheit.

Ego-Reaktion

Dan leidet wie fast alle Menschen unter seinem Denken und dem damit verbundenen Ego.
Auf die liebevollen Hinweise von Sokrates reagiert er gekränkt:

> Zitat (Seite 67)

Feindselig zischte ich (Dan): „Ich bin hier wohl der einzige Idiot, wie? Oder hast du dich auf die Arbeit mit geistig Behinderten spezialisiert?"
„So könnte man sagen" lachte er (Sokrates), während er Sesamöl in eine Pfanne träufelte, die er auf die Kochplatte stellte. „Aber du bist nicht der einzige; die ganze Menschheit leidet unter diesem Problem."
„Ja? Und welches Problem ist das bitte?"
„Ich hab´s schon oft erklärt", seufzte er geduldig. „Wenn du nicht bekommst, was du haben willst, dann leidest du. Wenn du bekommst, was du nicht haben willst, dann leidest du. Du leidest sogar, wenn du genau das bekommst, was du haben wolltest, nur weil du es nicht ewig behalten kannst. Das Problem ist dein Denken. Es scheut die Veränderung, es scheut Schmerzen, es scheut die Anforderungen des Lebens und Sterbens. Veränderung heißt das Gesetz aber, und du kannst dir einreden was du willst – an diesem Gesetz kannst du nicht deuteln."
„Sokrates, du kannst einem wirklich den Spaß verderben. Ich hab keine Lust mehr auf dein Essen. Wenn das Leben, wie du sagst, nichts als Leiden ist – wozu dann die ganze Aufregung?"
„Nein, das Leben ist nicht Leiden. Nur du leidest, weil du es nicht genießen kannst, solange du nicht die Fesseln deines Denkens abwirfst und dich auf den Weg machst, ganz gleich was geschieht."

> Kommentar

In seinem Buch beschreibt Millman wunderbar die Ursachen der Depression von der Dan immer wieder geplagt wird. Es sind die um das Ego, seine Wünsche und Sorgen kreisenden Gedanken.

> Zitat (Seite 75 und 86)

Aber Sokrates kümmerte sich nicht um meine Stimmung. „Wie ich dir sagte", fuhr er fort, „machst du den großen Fehler, dich zwanghaft mit deinen Launen und deinen Geschichten zu beschäftigen. Wenn du dich nicht bemühst diesen Fehler loszuwerden, dann wirst du der bleiben, der du jetzt bist – ein trauriges Schicksal fürwahr!" Sokrates konnte herzlich lachen über seinen Witz...
(Sokrates) „Du musst endlich aufhören damit, die ganze Welt ausschließlich aus dem Blickwinkel deiner Wünsche zu sehen. Hör auf, lass los! Lass deine Gedanken los, vielleicht kommst du dann zu Verstand. Bis dahin aber musst du sehr sorgfältig auf deinen Gedanken-Müll aufpassen."...
In den folgenden Wochen lärmte mein >Gedanken-Müll<, wie Soc es genannt hatte, ganz ungeheuer. Ziellose, wilde, blödsinnige Gedanken. Schuldgefühle, Ängste, hemmungslose Wünsche – mit einem Wort: Lärm. Sogar im Schlaf brandete das Getöse meiner Traumgedanken an meine Ohren. Socrates hatte recht. Ich war in einem Gefängnis eingesperrt.

Befreiung durch Achtsamkeit

> Kommentar

Wenn unkontrollierte, zwanghafte Gedanken die Ursache all unserer Probleme sind, so kann die einzig wirksame Therapie nur die Befreiung von ihnen sein. Die Befreiung erfolgt durch Achtsamkeit. Wenn wir sorgfältig und fortlaufend unsere inneren Vorgänge beobachten, können wir ihre Bedeutung erkennen. Dann beenden wir die Identifikation mit unseren Gedanken, Gefühlen und Willensimpulsen. Wir befreien uns von unseren Wünschen und Sorgen. Auf diese Weise beruhigen sich die Gedanken, sie verlieren ihre suggestive Kraft. Damit schaffen wir die Bedingung, dass unser inneres Licht, unser Selbst sichtbar wird.

➤ Zitat (Seite 102 und 104,105)

Dan: „Sokrates, wie soll ich es machen? Wie soll ich mich diesem Licht des Bewusstseins öffnen?"

„Nun ja" beantwortete er meine Frage mit einer Gegenfrage. „Was machst du, wenn du sehen willst?"

Ich musste lachen. „Ich schaue! Oh, du meinst die Meditation, nicht wahr?"

„Ja", sagte er. „Und der Kern der Sache ist", fuhr er fort und schnitt dabei das Gemüse in feine Streifen, „es gibt zwei gleichzeitig ablaufende Prozesse. Der eine ist die Einsicht – die Bereitschaft, die Aufmerksamkeit zu konzentrieren und das Bewusstsein auf das auszurichten, was du sehen willst. Der andere ist die Hingabe – das Loslassen aller Gedanken, die aufsteigen mögen. Das ist die wahre Meditation; und das ist der Sprung in die Freiheit des Geistes."...

Du bist dieses Bewusstsein, nicht dieser Phantom-Geist, der dich plagt. Du bist der Körper, aber du bist auch alles andere..."

„Sei einfach in deinem Körper, entspannt, ohne nutzlose Gedanken, dann wirst du glücklich, zufrieden und frei sein und dich nicht mehr getrennt fühlen. Die Unsterblichkeit gehört dir bereits, aber nicht auf die Art und Weise, wie du es dir vorstellst oder erhoffst. Du bist unsterblich, bevor du geboren warst, und wirst es sein, lange nachdem du gestorben bist und dein Körper sich aufgelöst hat. Der Körper selbst ist unsterbliches Bewusstsein. Im Tode verändert er sich lediglich. Dein Denken, deine Überzeugungen, deine Geschichte und deine Identität – dies ist das einzig Vergängliche an dir. Also, wozu brauchst du es noch?"

Eine neue Welt

➢ Kommentar

Zum Abschluss unseres gemeinsamen Ausfluges, mit dir lieber Leser, auf dem „Pfad des friedvollen Kriegers", komme ich zurück auf die Eingangsworte des letzten Kapitels:

> *"Es ist niemals gar nichts los. So etwas wie gewöhnliche Augenblicke gibt es nicht!"*

Wer sich auf den „Weg" macht um das großteils unbekannte Land in sich zu erforschen, dem erschließt sich eine spannende, neue Welt. Zu Anfang erscheint uns diese Welt eher als unreal, flüchtig und schwer fassbar. Der Wanderer fragt sich: „Soll diese geistige Welt wirklich eine besondere Bedeutung für mich haben?" Er war bislang gewohnt nur das als „real" anzuerkennen, was er mit den physischen Sinnen sehen, hören, tasten, schmecken und riechen konnte. Doch schreitet er beharrlich weiter, so erfährt er nach und nach eine innere Umkehr. Er erkennt die Vergänglichkeit, die Relativität und Subjektivität der „Wahrheiten" seiner bisherigen Welt. Das wird ihn anfangs einigermaßen beunruhigen. Denn er bekommt das Gefühl, den bislang scheinbar so sicheren Boden einer Welt zu verlieren, an die er unerschütterlich geglaubt hat.

Es braucht seine Zeit, bis der „Krieger" erkennt, dass diese gewohnte Welt vorzüglich nur eine Projektion seiner Gedanken, Gefühle, Ängste und Wünsche ist. Es braucht seine Zeit bis er Vertrauen in diese neue Welt schöpft. Doch nach und nach erkennt er, dass dieses neue Land mehr real, lebendiger, schöner und tiefer ist, als alles, was er bisher erfahren durfte. Hat er einmal den Zugang zu dieser Dimension gefunden, so wird sich sein Leben gründlich verändern. Er wird alle Ängste und Sorgen ablegen. Er wird in Verbindung mit dem inneren „Selbst" entspannt und heiter das Leben genießen können und in seinem Wohlbefinden nicht mehr von äußeren Ereignissen abhängig sein.

Die Kraft der Gedanken Teil 1

Unbeaufsichtigte Gedanken

Alles Leben entspringt und besteht aus dem universellen Geist. Menschliche Gedanken kann man als „Kinder" dieses Geistes bezeichnen. Diese „Kinder" verhalten sich ähnlich wie Menschen-Kinder. Sie werden stark beeinflusst und gesteuert von „ihrer Mutter/ihrem Vater" (universeller Geist) und sie haben die Möglichkeit „heranzuwachsen" und dabei bewusst und eigenverantwortlich zu werden.

Üblicher Weise toben die Gedanken den ganzen Tag wie übermütige Kinder, die nicht beaufsichtigt werden, in unserem Kopf herum und machen viel Unfug. Der „normale" Mensch denkt, solange er wach ist, pausenlos, meist ohne sich dieses Vorganges bewusst zu sein. Untersuchungen zeigen, dass ca. 30 bis 60 Tausend Gedanken täglich durch unser Gehirn huschen. Die Gedanken analysieren, bewerten und ordnen in unser Denkschema alles ein was unsere Sinne erfassen. Außerdem beschäftigen sie sich besonders gerne mit Ereignissen aus der Vergangenheit, insbesondere mit solchen, die uns belasten, die mit Ärger, Wut, Versagen oder Schuld verbunden sind. Weiters kreisen Gedanken um unsere Ziele, Wünsche und Hoffnungen und machen sich mit Vorliebe Sorgen darüber, was alles schief laufen könnte. Beliebte Sorgen-Objekte sind: nicht genügend Geld und Erfolg haben; Krankheit; die Situation am Arbeitsplatz; Probleme mit Familienangehörigen; ob ich genug geliebt und anerkannt werde; Probleme mit dem Alt-werden. Da ist immer etwas woraus man ein Problem machen kann. Fällt eine Sorge weg, stellen sich sofort einige andere ein.

Gedanken bestimmen unser Schicksal

Wir Menschen gestalten – in der Regel unbewusst – mit unserem Denken unser Innenleben, das heißt unser Fühlen und Wollen. Ärgern wir uns, machen wir uns Sorgen, so sind wir unglücklich. Können wir entspannt das Wunder des Augenblicks genießen, was im Alltag bei den meisten Menschen selten der Fall ist, so geht es uns gut.

Darüber hinaus bestimmen wir mit unserem Denken unsere äußeren Lebensumstände. Wir haben sogar in ferner Vergangenheit durch unsere Geisteskraft entschieden in welchem Körper, an welchem Ort und in welcher Familie und Gesellschaft wir in dieser Inkarnation erscheinen. Wir haben unser bisheriges Schicksal bestimmt und gestalten mit jedem neuen Gedanken unsere Zukunft.

Tiere haben keine Gedankenkraft wie wir Menschen. Sie können sich im Verlauf ihres Lebens nicht geistig entwickeln. Sie sind eins mit dem *„Universalen Bewusstsein"* und folgen den ihnen eingegebenen Instinkten. Sie leben, sie fühlen, sie wirken im Einklang mit der Natur. Ohne die Schöpferkraft des Denkens haben sie (im Gegensatz zu uns Menschen) kein von ihnen verursachtes Karma (Schicksal). Zum einen haben sie nicht die Freiheit und die Möglichkeiten ihr Leben zu gestalten wie wir Menschen. Zum anderen haben sie nicht die Probleme, welche mit dem Denken verbunden sind. Sie machen sich nicht Sorgen um die Zukunft und sind nicht psychisch von ihrer Vergangenheit belastet. Sie leben total im Hier und Jetzt.

Nur der Mensch ist Meister im „sich Sorgen machen" und dennoch *„vermag er mit seinen Sorgen, seine Lebenszeit um keine Elle zu verlängern" (Luk. 12, 25).* Im Gegenteil: Sorgen sind durchaus in der Lage uns krank zu machen und unser Leben zu verkürzen.

Die Energie des Logos

So wie den Schöpfungen der Menschen ein bewusster oder unbewusster Gedanke vorausgeht, so wurde auch unser Universum mit all seinen Galaxien, Sternen, mit unserer Erde und allen auf ihr befindlichen Lebewesen von dem dahinter tätigen Universalen Geist geschaffen. Dieser Geist ist unsichtbar und mit dem Denken nicht zu erfassen. Wohl können wir diesen Geist in seinen Auswirkungen, insbesondere in der Lebenskraft, in der Weisheit, in der Schönheit und in der Liebe, welche in allen Wesen pulsiert, erkennen. Außerdem sind wir – wenn wir gewisse Hindernisse beseitigen – in der Lage uns mit diesem Geist zu verbinden und unsere Einheit mit ihm zu leben.

Die Menschheit hat den Bezug zu diesem Geist verloren und leidet unter dieser Trennung. Zugleich aber hat jeder Mensch dadurch die Chance zu einer besonderen Bewusstseins-Entfaltung zu kommen. Diese wird „Selbstverwirklichung" genannt. Durch sie wird das Sein seiner selbst bewusst. Anders ausgedrückt: Das Bewusstsein begegnet sich selbst. Alle bedeutenden Weisheitslehren zeigen auf, wie diese Bewusstseins-Veränderung und die Rückkehr zum Universalen Geist vollzogen werden kann.

Im Prolog zum Johannes-Evangelium finden wir wunderschöne Worte zu diesem Geist:

> *Im Anfang war das Wort (λόγος - Logos)*
> *und das Wort war bei Gott,*
> *und das Wort war Gott...*
> *Alles ist durch das Wort geworden*
> *und ohne das Wort wurde nichts, was geworden ist.*

Wenn du innerlich still wirst und diese inspirierenden Worte – ohne viel zu denken – auf dich einwirken lässt, so kann ein Licht in dir aufgehen.

Alle Dinge, die unseren Sinnen und unserem gewöhnlichen Verstand als mehr oder minder feste „Materie" erscheinen, sind in Wahrheit „Energie in Bewegung". Das bestätigen wissenschaftliche Forschungen über den Aufbau der Teilchen, aus denen sich die Dinge dieser Welt zusammensetzen.

Nach diesen Forschungen besteht ein Atom zu 99,99 Prozent aus leerem Raum. Ob die restlichen 0,01 Prozent tatsächlich *„materielle Substanz"* haben, ist äußerst fraglich. Jedes Atom besteht aus Neutronen, Protonen und Elektronen. Diese wiederum bestehen – wie die Wissenschaftler vermuten – aus verschiedenen „Quarks" und Letztere aus ungeheuer winzigen, schwingenden Energie-Fädchen, den sogenannten Strings. Spätestens hier verliert sich die Weisheit der Wissenschaft in Dimensionen, die so klein sind, dass sie mit technischen Geräten wohl nie erforscht werden können.

Könnte der menschliche Geist tief genug in den Mikro-Kosmos eindringen, so würde er schließlich zu „seiner Mutter/seinem Vater" heimkehren. Denn hinter der „Energie in Bewegung", die teilweise mit modernsten Mikroskopen gerade noch beobachtet werden kann, wirkt das unsichtbare Bewusstsein des Universums. Deshalb kann man die Erscheinungen dieser Welt auch als „Geisteskraft in Bewegung" bezeichnen.

Unsere Gedanken sind, wie alle anderen Erscheinungen der Natur, ein Ausdruck des Universalen Bewusstseins. Sie repräsentieren nur einen winzigen Ausschnitt des dahinter wirkenden Universalen Geistes, welcher auch Gott genannt wird. Weil dieser Geist in uns wirkt und zwar sowohl in unseren Gedanken als auch in allen Zellen unseres Körpers, sind wir mit ihm eng verbunden und haben deshalb die Möglich-

keit – unter bestimmten Voraussetzungen – unsere Einheit mit ihm zu erfahren.

Unbewusste Gedanken verursachen Leid

Unser Denken verfügt über Schöpferkraft und wurde uns gleichsam als Werkzeug für unser Wirken auf der Erde zur Verfügung gestellt. Wer seine Gedanken beobachtet, wird allerdings bald feststellen, dass diese meist ganz von alleine auftauchen und ein Eigenleben führen. Denn solange der Mensch nicht ein fortgeschrittenes Bewusstsein entwickelt, denkt er in der Regel nicht, sondern „wird gedacht". Gedanken verändern die „Energie in Bewegung" in uns und um uns. Erst wenn wir einen gewissen Grad an Wachheit erreicht haben, können wir unsere Gedankenkraft bewusst einsetzen.

Das Leben der Pflanzen und Tiere wird vorzüglich vom Lebens- und Überlebens-Trieb bestimmt. Dieser Trieb steuert Wachstum und Vermehrung gemäß den Gesetzen der Natur. Letztere wiederum offenbaren eine wundersam weisheitsvolle Harmonie von Werden und Vergehen. Dem Lebens-Trieb des Menschen dienen nicht nur seine Instinkte, sondern auch seine Gedanken. Sie sagen uns, was für unsere Gesundheit zu- und abträglich ist. Sie sagen uns, wie wir zu Nahrung kommen, wie wir unseren Körper schützen, wie wir unsere täglichen Aufgaben erfüllen, wie wir durch diverse Erfindungen unsere Lebensbedürfnisse leichter befriedigen können.

Zugleich werden Gedanken jedoch zu einer schrecklichen Plage, wenn sie an Problemen aus der Vergangenheit und an Sorgen über die Zukunft haften. Nur im Menschen entartet der Lebens-Trieb. Die Ursache dafür liegt in seinem Verstand, der sich allzu gern in seinen auf die Zukunft gerichteten Ängsten verliert. Dies führt zu maßloser Gier, zu rücksichtsloser Ausbeutung von Menschen und Bodenschätzen, zu einer gigantischen Bewaffnung der Staaten mit Raketen, Atombomben und sonstigem Kriegsgerät, zu Aggressionen aller Art. Angst führt zu seelischem Leid, Depressionen und sonstigem Ego-Verhalten wie Ärger, Neid, Eifersucht und dergleichen. Das sind die Auswirkungen der *„Angst-Gedanken-Kraft".*

Nur durch Selbstbeobachtung und Selbsterkenntnis kann sich der Mensch von seinen Ängsten und ihren verheerenden Folgen befreien. Ohne Angst hätten die Menschen den Himmel auf Erden.

Mangeldenken schafft Mangel

Gedanken sind Kräfte. Sie können heilen und zerstören. Das haben weise Menschen schon vor tausenden Jahren erkannt. Die altindischen Upanischaden und Veden, die Bhagavad-Gita, die alten griechischen Philosophen wie Platon und Sokrates, ebenso Laotse, Gautama Buddha und Jesus haben darauf hingewiesen. Den Kranken die von ihm geheilt wurden erklärte Jesus: „Dein Glaube hat dich geheilt!" Und er meinte damit nicht den Glauben an ein physische Person, sondern das Vertrauen in den Geist der alles umfasst und bewegt.

Weil „Materie" aus äußerst beweglichen Frequenzen besteht, kann ihr „Energiefeld" durch Gedanken relativ leicht verändert werden. So können wir erheblichen Einfluss sowohl auf unseren Körper als auch auf unsere Umgebung ausüben.

Dazu ein Beispiel: Die meisten Menschen leiden ständig unter Mangelgefühlen. Sie meinen, dass etwas Wichtiges für ihr wahres Glücklich-Sein im Leben noch fehlt. Deshalb sind sie rastlos unterwegs nach Zielen, von denen sie ihr Glück erhoffen oder sie resignieren und finden sich damit ab, dass sie nach ihrer Meinung dauerhafte Glückseligkeit niemals erreichen können. Nur selten haben sie starke

Glücksgefühle, so zum Beispiel wenn sie frisch verliebt sind, oder wenn ein großer Wunsch in Erfüllung geht. Doch in der Regel halten diese schönen Gefühle nur eine kurze Zeit an. Sodann fühlen sich diese Menschen oft schlechter als zuvor.

Wenig bekannt ist, dass jeder Gedanke an Mangel gerade den Mangel hervorruft, unter dem wir leiden. Es gilt das geistige Gesetz:

> *„Mangeldenken erschafft Mangel!*
> *Wenn wir hingegen Fülle und Dankbarkeit denken, wird uns alles geschenkt, was wir benötigen!"*

Wieso schafft Mangeldenken Mangel? Wir denken an Mangel, weil wir an Mangel glauben. *Mangeldenken bewirkt Mangelgefühle!*

Halte kurz inne, verweile ganz im Augenblick und frage dich: „Was fehlt mir JETZT?" Welches Problem habe ich JETZT?...

Wenn unsere Gedanken nicht unnötig in die Vergangenheit oder in die Zukunft eilen, so gibt es keinen Mangel und keine Probleme. Diese entstehen nur, weil wir die Stille, Schönheit und Vollkommenheit des Augenblicks nicht wahrnehmen und in ihr nicht verweilen können. Dies, obwohl das Leben im Grunde immer nur aus dem jetzigen Augenblick besteht.

Du brauchst auch keine Sorge zu haben, deine Aufgaben zu vernachlässigen, wenn du im Hier und Jetzt verweilst. Schau genau hin und du wirst erkennen, dass dir, wenn du nur ruhig, gelassen, freudig und entspannt genug bist, immer im richtigen Augenblick die richtigen Impulse kommen, das zu tun, was erforderlich ist.

Mangeldenken hat auch eine magische Wirkung auf unser Umfeld. Es zieht gleichsam magnetisch Schwierigkeiten und Not zu dem heran, der an Mangel in der an sich von Fülle und Fruchtbarkeit strotzenden Natur glaubt. Umgekehrt verbinden uns positive, vertrauensvolle Gedanken mit wohltuenden Menschen und Ereignissen. Wir werden uns darüber noch eingehender unterhalten.

Auswirkungen des Unterbewusstseins

Ende des 19ten und anfangs des 20ten Jahrhunderts erlebte die Idee, dass Gedanken Kräfte sind, die Gutes und Schlechtes bewirken können, eine Renaissance. Der Begriff *„Unterbewusstsein"* wurde populär. Persönlichkeiten wie Emil Coué, Siegmund Freud, Josef Murphy, Napoleon Hill, Prentice Mulford, Erhard F. Freitag und manche andere haben sich mit den Wirkungen von bewussten und unbewussten mentalen Kräften des Menschen auseinander gesetzt. Die Methode des *„Positiven Denkens"* um Heilung, Reichtum und Glück zu erreichen wurde kreiert.

Wie wir die Kraft der Gedanken positiv nützen und schließlich über das Denken hinaus zu unserem Ursprung, zu unserem wahren Sein gelangen können, damit werden wir uns im nächsten Kapitel auseinander setzen.

Die Kraft der Gedanken Teil 2

Die Heilkraft von Gedanken

Emile Coué (1857-1926) ein französischer Apotheker gilt als Urheber der bewussten Autosuggestion. Er machte Ende des 19. Jahrhunderts die Entdeckung, dass es für den Heilerfolg von Medikamenten von großer Bedeutung ist, wie sehr der Patient von der Wirksamkeit derselben überzeugt ist. Deshalb versicherte er seinen Patienten stets die besondere Güte der von ihm übergebenen Arzneien. Er stellte weiters fest, dass sogar die Einnahme von völlig bedeutungslosen Substanzen eine heilende Wirkung hat, wenn der Patient glaubt, dass es sich dabei um eine besonders gute Medizin handle. Heute ist dieses Phänomen als „Placebo-Effekt" allgemein bekannt.

Coué lehrte, dass wir unseren Körper und unsere Psyche durch Gedanken und Worte erheblich beeinflussen können. Er empfahl jenen, die unglücklich oder krank sind, sich den weltberühmten Satz: *„Es geht mir mit jedem Tag in jeder Hinsicht immer besser und besser!"* immer wieder vorzusagen. Er fügte hinzu, dass selbst wenn man an diese Worte nicht glaubt, würden sie eine positive Wirkung entfalten.

Bei Schmerzen körperlicher oder psychischer Natur, gab Coué den Rat, die Hand auf die betroffene Stelle oder an den Kopf zu legen und möglichst oft die Worte zu wiederholen: *„Es geht vorbei. Es geht vorbei. Es geht vorbei..."*

Übrigens, was Coué erkannte, war keineswegs neu. Schon rund 400 Jahre v. Chr. empfahl der griechische Philosoph Platon (427-347 v. Chr.) den Ärzten, dass sie ihren Patienten, unabhängig von deren tatsächlichem Gesundheitszustand, ihre baldige Genesung versichern sollten. Denn er war der Überzeugung, dass Worte durchaus die Kraft haben Kranke zu heilen.

Im Hinduismus und Buddhismus wurde seit unvordenklichen Zeiten das Rezitieren von heiligen Sprüchen (Mantras) zur Nutzung von mentalen und spirituellen Energien verwendet. In gleicher Weise vertraut man in vielen Religionen seit jeher darauf, dass Gebete und Beschwörungen eine heilsame und Wünsche erfüllende Wirkung haben.

Josef Murphy und das Unterbewusstsein

Josef Murphy (1898-1981) gilt als *„Vater des positiven Denkens"*. Er hat viele Thesen, insbesondere über die Wirkungsweise der Autosuggestion, von Coué übernommen. Sein Buch *„Die Macht des Unterbewusstseins"* war und ist noch immer ein Bestseller.

Die Lehre des *„positiven Denkens"* geht davon aus, dass alles, was der Mensch denkt, fühlt und erfährt in seinem Unterbewusstsein (UB) gespeichert wird. Von dort aus können vergessene Erlebnisse wieder in die Erinnerung zurück gerufen werden. Dieses UB ist vergleichbar mit der Festplatte eines Computers mit unbegrenzter Speicherkapazität. Doch das UB hat nicht nur eine Speicherfunktion, sondern verfügt auch über besondere Kräfte. Sein Bestreben besteht darin alle Gedanken und Überzeugungen seines „Herren" zu verwirklichen. Murphy erklärt dazu: „Alles, was du dem Unterbewusstsein aufdrückst, wird von ihm ausgedrückt!" Wenn sich zum Beispiel jemand beklagt, wie „schrecklich" irgendetwas oder gar seine ganze Lebenssituation sei, so sorgt das UB dafür, dass sich für diese Person „Schreckliches" ereignen wird. Man stellt sich das – kurz gesagt – so vor, dass das UB seinen „Besitzer" zu entsprechend unglücklichen Entscheidungen veranlasst. Diese Entscheidungen verwickeln in der Folge die Person in „schreckliche" Situationen oder führen sie zu sehr schwierigen Menschen.

Murphy postuliert: *„Was wir denken, bestimmt unser Schicksal"*. Wenn wir von der Richtigkeit dieser Feststellung ausgehen, können die rund 30 bis 60 Tausend Gedanken, die täglich – meist unbewusst – durch das Gehirn des „normalen" Menschen schwirren, äußerst nachteilige Auswirkungen haben. Denn unbeobachtete Gedanken beschäftigen sich vorzugsweise mit unerfreulichen Erfahrungen aus der Vergangenheit, weiters mit Kritik und Ablehnung gegenwärtiger Ereignisse und nicht zuletzt mit Sorgen und Ängsten in Bezug auf die Zukunft. Das kann jeder, der sein Innenleben beobachtet, rasch selbst feststellen. Solche negativen Gedanken beeinflussen sodann äußerst nachteilig die Zukunft der betroffenen Person.

Wenn wir Groll, Hass und Ärger mit uns herumtragen, nicht vergessen und vergeben können, so sorgt das UB dafür, dass wir häufig mit Ärger und Streit konfrontiert werden. Schuldgefühle und Selbstverurteilung führen dazu, dass wir häufig Gründe finden, uns selbst zu verurteilen. Hegen wir ängstliche Gedanken die Zukunft betreffend, so ziehen wir damit das Unglück an. Denken wir negativ kritisch über Menschen, so werden wir viel mit destruktiven Menschen zu tun haben.

Negatives Denken lenkt unsere Aufmerksamkeit auf Negatives und zieht dieses magisch an. Das „Negative" entsteht, genau betrachtet, weil wir Ereignisse als negativ beurteilen. Ohne Beurteilung ist nichts „schrecklich" oder „negativ". Die Menschen und die Dinge sind wie sie sind, das „Schreckliche" fügt stets unser Denken hinzu. Wir beggnen im Leben vielen Herausforderungen und vielen Menschen, die mehr oder weniger unbewusst sind und dementsprechend handeln. Doch es ist sehr unklug uns über Herausforderungen oder Menschen aufzuregen, zu schimpfen oder uns zu beklagen und uns zu bedauern. Denn dieses Verhalten ändert nichts an dem, was ist, sondern verursacht und verstärkt das individuell empfundene Übel.

Von Optimisten sagt man oft, dass die Art wie sie dem Leben begegnen realitätsfremd sei. Doch in Wirklichkeit harmoniert der Optimist, bewusst oder unbewusst, mit der Vollkommenheit und Liebe des Seins. Die Freiheit des Menschen macht es möglich sich für diese Göttlichkeit des Seins zu öffnen oder sich von ihr abzuwenden.

Das „Resonanzgesetz"

Auch mit dem sogenannten „Resonanz-Gesetz" versucht man das Phänomen, dass sich Gedanken verwirklichen, zu erklären. Entsprechend diesem Gesetz befindet sich jeder Mensch auf Grund seiner individuellen Denkweise und Gemütslage in einer speziellen mentalen und geistigen Schwingung. Anders gesagt: Sein individueller Bewusstseins-Zustand bewirkt eine besondere Ausstrahlung, die bewusst oder unbewusst von den Menschen in seiner Nähe wahrgenommen wird. Wenn sich Menschen mit ähnlich gelagerten Schwingungen begegnen, so verstärken sie gegenseitig ihre Schwingungsfrequenz.

Wenn zum Beispiel jemand zu Ärger und Aggression neigt, so werden sich ähnlich veranlagte Menschen diesem gegenüber besonders reizbar und streitlustig verhalten. Hingegen fühlt man sich in der Gegenwart von Menschen, die entspannt und liebevoll in sich ruhen, eher ruhig und gelöst.

Der Mensch denkt, das Schicksal lenkt

Letztlich ist es der universelle Geist, der in allen Dingen und Wesen wirkt, der dafür sorgt, dass der Mensch die Verantwortung für die Auswirkungen seiner Gedanken und Taten tragen muss. Daraus ergibt sich unser Schicksal (Sanskrit: karma). Das Karma-Gesetz lautet: *„Gutes Tun bringt gute Folgen, böses Tun bringt böse Folgen."* Gemeint ist mit diesen Worten, dass alles, was wir denken und tun auf uns zurück fällt. Wie wir denken und handeln, so wird uns geschehen.

> *„Und Jesus sprach zu dem Hauptmann: Gehe hin; dir geschehe, wie du geglaubt hast!"*
>
> (Math. 8,13)

Das Schicksal dient jedoch nicht dazu Menschen, die in ihren ererbten und anerzogenen Denkmustern gefangen sind, zu bestrafen. Der Sinn dieses phantastischen Schauspiels von Ursache und Wirkung liegt darin, den Menschen, nötigenfalls durch Leid, zu einem freien, selbstbewussten „Ich-Bin" zu führen, welches im Einklang mit dem allumfassenden Sein lebt und wirkt.

Annehmen, was ist

Gautama Buddha lehrte, dass die Wurzel allen Leidens das Verlangen ist. Der „normale" Mensch mit seinem konditionierten Ego-Denken steht der Welt so gegenüber:

- Entweder gelangweilt und uninteressiert, oder
- er will dies und jenes erlangen, behalten und noch mehr davon haben, oder
- er lehnt ab und wehrt sich gegen das, was er als unliebsam beurteilt.

Auf diese Weise befindet er sich praktisch dauerhaft in einem Konflikt mit dem Sein, wie es ist. Das verursacht in ihm ein tiefes, anhaltendes, zwar kaum bemerktes, doch sehr wirksames Gefühl von Unzufriedenheit, Mangel, Verlangen und Negativität.

Denkt der Mensch an Mangel und sieht er vorwiegend Negatives in der Welt, so wird die Kraft seiner Gedanken in der äußeren Welt durch negative Ereignisse und Schicksalsschläge die Berechtigung seines Denkens bestätigen. Zugleich wird sich dieses zerstörerische Denken im Gemüt je nach Veranlagung als Unzufriedenheit, Freudlosigkeit, Ärger und Streitlust, als Stress und Depression, als Angst und Sorge, als Feindschaft und Aggression, als Gier und Neid und Ähnliches manifestieren. Dass darunter auch jede Körperzelle zu leiden beginnt und schließlich schwere Erkrankungen die Folge sind, bedarf keiner besonderen Erklärung.

Nur wenn wir lernen, gelassen, liebevoll und neutral zu beobachten und anzunehmen, was ist, befreien wir uns von der Last des Widerstandes gegen das Sein. Dann ärgern wir uns nicht mehr, wir kritisieren nicht die Ereignisse und unsere Mitmenschen. Wir werden durchlässig für all das, was uns bisher gestört hat, was wir bisher verurteilt haben. Wir lernen auf die Weisheit des Schicksals zu vertrauen.

Wir tun, was der Augenblick verlangt und machen uns keine Sorgen um die Zukunft. Von diesem Tun sagt die altindische Weisheit, dass es den Menschen vom Karma-Gesetz befreit: *„Gutes Tun bringt gute Folgen, böses Tun bringt böse Folgen. Das Tun um des Tuns willen bringt keinerlei Folgen mehr!"*. Gemeint ist damit, dass wir über das Gesetz von Ursache und Wirkung hinaus-gehen, wenn wir (ohne Ego-Willen) in Harmonie mit dem universellen Bewusstsein denken und handeln.

Wer sich auf diesen Weg ernsthaft einlässt, wird in kurzer Zeit erstaunliche Veränderungen sowohl in seiner Umwelt als auch in seinem Gemütszustand erleben. Es wird sich in seinem Körper und seinem Geist eine wunderbare feine und lichte Schwingungs-Frequenz entfalten. Bald wird dieser Mensch für alles Geschehen des Lebens transparent wie eine duftige weiße, strahlende Wolke. Im Bewusstsein, *„dass der Weltgeist uns nicht fesseln oder engen, sondern Stuf um Stuf uns heben will, durchschreitet er leicht und heiter Raum um Raum und bleibt an keinem wie an einer Heimat hängen..."* (frei nach dem Gedicht – „Stufen" von H. Hesse).

Die Kraft der Gedanken Teil 3

Das Konzept des „Positiven Denkens"

Das Konzept des „Positiven Denkens" geht davon aus, dass wir fast alles, was wir uns wünschen, erlangen können. Wir müssen nur uns selbst gedanklich überzeugen (Autosuggestion), dass wir unser Ziel erreichen. Dabei sollten wir uns möglichst lebhaft, an Hand innerer Bilder vorstellen (visualisieren) wie es sein wird, wenn der Erfolg eingetreten ist.

Der Wunsch reich zu werden

Ein berühmter Vertreter dieser Methode war der Amerikaner Napoleon Hill (1883-1970). Er wurde vom damals reichsten Mann der Welt, vom Stahlmagnaten Andrew Carnegie beauftragt, „die Gesetze des Erfolges" zu studieren. Dazu sollte er die zu seiner Zeit bekanntesten und erfolgreichsten Menschen befragen, was das Rezept ihres Erfolges war. Rund 20 Jahre arbeitete Hill an diesem Projekt bevor er sein Buch *„Die Gesetze des Erfolges"* (in späteren Auflagen unbenannt in *„Denke nach und werde reich!"*) veröffentlichte. 90 Millionen Exemplare wurden angeblich von diesem Buch bislang verkauft.

In seinem Buch erklärt Hill, wie jedermann 100.000,- Dollar (nach heutigem Wert mindestens eine Million Dollar) innerhalb eines Jahres am eigenen Konto haben kann. Er empfiehlt dazu:

> *1. Wiederhole möglichst oft mit Worten: „Am Tage X werde ich 100.000,- Dollar auf meinem Konto haben;"*
> *2. Sag dir vor: „Ich bin davon überzeugt, dass spätestens am Tage X 100.000,- Dollar mein Eigentum sein werden."*
> *3. Wiederhole diese Worte jeden Morgen und jeden Abend, bis du den gewünschten Betrag wirklich vor deinen Augen sehen kannst!*

Man könnte glauben, wenn Gedanken so starke Kräfte haben, dass sie sogar Berge versetzen, so müsste jeder mit der Methode von Hill in kurzer Zeit die Erfüllung all seiner Wünsche erlangen. Fest steht jedenfalls, dass Hill durch den Erfolg seines Buches zum Millionär wurde. Eher zu bezweifeln ist allerdings, dass viele von den Millionen Lesern seines Buches nach seiner Methode reich wurden. Als relativ sicher können wir annehmen, dass die Empfehlungen von Hill ungeeignet sind, Menschen anhaltend glücklich zu machen. Wie kann jemand das Glück von tiefem inneren Frieden erfahren und immer wieder an den Erwerb von viel Geld denken? Zudem hat für alle „Möchte-gern-reich-und-glücklich-sein-Wollenden" die Methode von Hill einen schwerwiegenden Hacken:

Hinter fast jedem Wunsch steckt eine Beschwerde!

Hinter fast jedem Wunsch an das Universum steckt eine Beschwerde! Wer sich wünscht reich zu werden, geht davon aus, dass das Universum ihm bislang etwas vorenthalten hat. Er ist unzufrieden mit dem, was ist. Er denkt insgeheim an Mangel und sorgt sich um die Zukunft. Diese meist im Unterbewusstsein verborgenen Gedanken, die der unzufriedene Mensch Tag und Nacht mit sich herumträgt, wirken (leider?) um ein Vielfaches stärker als die im Oberbewusstsein öfters wiederholten autosuggestiven Gedanken und Visualisierungen.

Die von Ängsten und Unzufriedenheit bestimmte Grundstimmung eines Menschen, die sich meist im Verlauf von vielen Lebens-Jahren aus negativen Gedanken gebildet hat, zieht, wie bereits in den letzten beiden Kapiteln beschrieben, kraftvoll die befürchteten Übel an.

Nun stellt sich die Frage: Wie können wir die Kraft der Gedanken sinnvoll nutzen? Wie können wir wirklich sorgenfrei und glücklich leben? Dazu ist vor allem sorgfältige Selbstbeobachtung erforderlich.

Alles Glück kommt von innen

Alles Glück kommt von innen und benötigt keine besonderen äußeren Ereignisse. Kein Ding und keine von den Sinnen ausgehende Erfahrung sind geeignet, uns anhaltend glücklich zu machen. Wer aufmerksam beobachtet, wird erkennen, dass sinnliche Wahrnehmungen nur kurzfristig die in unserem Innersten wohnende Glückseligkeit aufleuchten lassen. Dabei öffnet sich vorübergehend in unserer Seele ein kleines Fenster von *„Nicht-Wünschen, Nicht-Wollen und Nicht-Denken"*, durch das unsere wahre Wesenheit hindurch scheint.

Der Mensch versucht in der Folge durch „Bemühen", dieses im Gedächtnis gespeicherte Glücksgefühl zu wiederholen. Doch gerade dieser Versuch des Mind, Vergangenes und damit bereits Totes wieder lebendig zu machen, muss scheitern. Nur im *„Nicht-Denken"*, in der Stille, im *„No-Mind"* können sich die Liebe, Weisheit und Glückseligkeit unseres „Selbst" (Atman) offenbaren.

Die besten Bedingungen, um das Glück in uns zu erfahren, schaffen wir dadurch, dass wir dankbar und zufrieden mit dem sind, was uns das Schicksal schenkt. Das führt nicht zu Untätigkeit. Doch wir werden bei diesem Tun gleichsam zum *„Werkzeug des Schicksals"*. Wir leisten unseren Beitrag ohne Ego-Verlangen. Dieses Tun erfolgt aus einer Grundhaltung der Dankbarkeit und Harmonie mit dem Sein. Es wird in der altindischen Philosophie als „*karma-yoga*" bezeichnet. Denn Tun, ohne begierig oder ängstlich auf die „*Früchte des Wirkens*" zu schauen, erlöst uns aus allen karmischen Verwicklungen.

Die Bhagavad-Gita, die bekannteste und wichtigste altindische Schrift, deren Ursprung auf eine Zeit zwei bis drei Tausend Jahre vor Christi Geburt zurückgeht, bezeichnet das Wirken in der rechten Gesinnung als das „*Nicht-Tun im Tun*". Gemeint ist damit das unbeschwerte Handeln, ohne in seinem Wohlbefinden von äußerem Erfolg oder Nicht-Erfolg abhängig zu sein.

> „*Weise sind diejenigen, die ohne egoistische Motive handeln. Ihr Karma wird im Feuer der Erkenntnis verbrannt. Immer zufrieden und frei von Erwartungen, sind sie in ihrem Wohlbefinden nicht abhängig von den Früchten ihres Wirkens*".
>
> Gita 4:19-20

Unbewusste Menschen sind in ihrer Seelenstimmung von äußeren Erfolgen, von Gewinn und Verlust, von Lob und Tadel abhängig. Statt dem Universum für die Fülle des Seins zu danken, hadern sie gerne mit ihrem Schicksal und vergeuden ihre Zeit mit Suchen, Beten und Verlangen.

Der sich in der Unbewusstheit befindliche Mensch „verneint" die Weisheit, Vollkommenheit und Liebe des „universellen Seins". Er ist fixiert auf die vergänglichen Erscheinungen und erwartet von ihnen sein Glück. Hingegen hat der Weise erkannt, dass das „Licht" ohnedies stets im Innersten der eigenen Wesenheit vorhanden ist:

> *Was für den Weisen Licht ist, ist für den Unwissenden Dunkelheit.*
> *Was für den Unwissenden Licht ist, ist für den Weisen Dunkelheit.*
>
> Gita 2: 69

Wahrhaftiges Glücklich-Sein erlangen wir nicht durch Bitten oder Verlangen. Wir müssen für tiefe, anhaltende Glückseligkeit nichts tun, sondern nur Überflüssiges „weglassen". Denn im Grunde seiner Seele ist jeder Mensch Eins mit der allumfassenden Liebe, Schönheit und Glückseligkeit des universellen Seins. Autosuggestion, Kämpfen, Bitten, Verlangen, Kritisieren und Beklagen behindern unser Glück. Zufriedenheit und Dankbarkeit genügen, um uns für das Wunder des allumfassenden Seins, welches zugleich unser „Leben" ist, zu öffnen.

> *"...denn seht, das Reich Gottes ist inwendig in euch."*
>
> Luk.17,21

Glück entsteht durch Bewusstheit

> *Nur bewusstes Sein führt dich zum Ziel, kann dich anhaltend glücklich machen!*

Wie bereits ausgeführt, besteht alles, was wir beobachten können, wie Gedanken und Gefühle, wie die Lebensvorgänge in pflanzlichen, tierischen und menschlichen Körpern und sogar die „härteste Materie" (Steine und sonstige Mineralien) aus „Energie in Bewegung".

Hinter dieser Energie wirkt das unsichtbare und undenkbare „universelle Bewusstsein" – auch Tao, Gott, Brahman, Allah, Jahwe oder das Sein genannt – aus dem das ganze Universum mit all seinen Erscheinungen hervorgeht. Das

„Bewusstsein" jedes Menschen (auch Selbst, Atman, Buddha oder Christus in dir genannt) bildet ein eigenes schöpferisches Zentrum innerhalb des allumfassenden Bewusstseins. Individuelles Bewusstsein bedeutet sowohl Wahrnehmungs-Kraft als auch Denk-Kraft. Mit diesen bestimmt der Mensch schon vor seiner Geburt die Grundzüge seines Körpers, seines Charakters und seines Schicksals. Nur wenn wir uns diesem Bewusstsein zuwenden, können wir das von allen Erscheinungen unabhängige Glück des eigenen und damit auch des universellen Seins erfahren.

Unser Energiefeld

Wir sollten daher zwischen unserem unsichtbaren und mit dem Verstand nicht erfassbaren „Selbst" einerseits und den Erscheinungen, wozu auch unser Körper und unser Mind zählen, unterscheiden. Unser „Energiefeld" stellt eine Brücke zwischen unserer transzendenten Wirklichkeit und ihren Offenbarungen dar. Aus der Schwingungsfrequenz dieses Feldes ergibt sich die oben erwähnte „Grund-Stimmung" eines jeden Menschen. Sie ist für jeden Menschen eine einmalige „individuelle" Mischung von Vertrauen und Misstrauen, von Mut und Ängstlichkeit, von Erkenntnis und Unwissenheit, von Weite und Beschränktheit, von Liebe und Kampf.

Von dieser Dimension ausgehend werden unsere physische, vitale, mentale und spirituelle Ebene beeinflusst und getragen. Die Schwingung unseres Energiefeldes bestimmt unsere körperliche und seelische Gesundheit, unsere Schaffenskraft und unsere Freude am Dasein. Beobachte daher immer wieder sorgfältig deine Seelen-Stimmungen. Wird dein momentanes Leben von einer Grundstimmung der Freude, Liebe und Weisheit getragen, so verfügst du über ein „gesundes" Energiefeld. Ärger, Sorgen, Stress, Ängste, anhaltende Müdigkeit und ein schwaches Immunsystem lassen auf Störungen des Energiefeldes schließen.

Die Kraft der Gedanken Teil 4

Die Welt, wie sie uns erscheint

Die Art, wie uns die Welt erscheint, oder besser gesagt, wie wir uns die Welt „erdenken", ist dual geprägt. Licht und Schatten, gut und böse, angenehm und unangenehm, Gesundheit und Krankheit, Leben und Tod, all diese Dualitäten bedingen sich gegenseitig und gehören zusammen. Sie sind stets die beiden Seiten ein und derselben Münze. Die eine Seite ist ohne die andere für unser gewöhnliches Bewusstsein nicht „denkbar". Auch der Wert unseres Denkens ist dual: unser Denken kann als Fluch und als Segen angesehen werden. Durch unser Denken uns unsere Reflexionsfähigkeit werden Freiheit, Selbstbestimmung und die Glückseligkeit einer höheren Bewusstseinsstufe ermöglicht. Auf der anderen Seite wird das Denken zum Fluch, wenn es von unserem Ego geprägt ist, wenn wir uns Sorgen machen, Angst haben, eifersüchtige, neidische, begehrende, verurteilende oder sonstige negative Gedanken pflegen.

Positives, optimistisches Denken hat im Gegensatz zu negativem Denken erfreuliche Auswirkungen. Das ist eine Binsenweisheit. Wird allerdings „Positives Denken" für Ego-Zwecke „eingesetzt", so führt dies zwangsläufig in gleicher Weise zum Leiden, wie negative Gedanken.

Ego-Denken

Unsere gewöhnliche Denkart besteht darin, dass wir uns mit unserem Körper identifizieren. Daraus ergibt sich alles

Leid des Egos. Wer glaubt, er sei sein Körper und dessen Attribute (seine Vergangenheit, seine Fähigkeiten, Erfolge und Misserfolge, seine Besitztümer, seine Beziehungen), macht sich automatisch Sorgen um den Erhalt dieses Körpers und seiner Attribute. Das nennt man „Ego-Denken". In Verbindung mit den dualen „Aufs" und „Abs" des Lebens sind damit „Unglück" und „Probleme" vorprogrammiert. Im Ego-Denken haben wir kein Bewusstsein von dem, was wir wirklich sind. Wir verwechseln uns mit einem Bündel von Gedanken, aus dem wir eine „Person" konstruieren, um die sich die ganze Welt dreht. Diese Welt besteht so aus lauter „Ich, Ich, Ich" und „mein, mein, mein".

Wie jeder, der seine Gedanken aufmerksam beobachtet, feststellen kann, haben wir nur sehr wenig Spielraum, um unsere Gedanken selbst zu bestimmen. Welche Gedanken uns normalerweise „zufallen", ist von einer unendlich langen Kausalitätskette (Ursache-Wirkungskette) unseres Seins vor unserer Geburt und unseres gegenwärtigen Lebens (Gene, Erziehung, Umgebung, Erlebnisse) bereits festgelegt. Je klarer wir dies erkennen, desto größer wird die Freiheit unser Denken und unser „Nicht-Denken" selbst zu bestimmen. Durch diese Freiheit sind wir immer besser in der Lage, unser Schicksal selbst in die Hand zu nehmen.

Bewusstseinsstufen

Grob eingeteilt können wir drei Bewusstseinsstufen des Menschen unterscheiden:

- **Tiefe Unbewusstheit**

Wird ein Mensch von großem Begehren, Zorn, Ärger, Groll, Depression, akuter Angst oder Sorgen beherrscht, so befindet er sich im Zustand tiefer Unbewusstheit. Er identifiziert sich sowohl mit den Gedanken, die diese Seelenstimmungen hervorrufen, als auch mit seinem gegenwärtigen Seelenzustand. Er „IST" die Wut, er „IST" der Ärger, die aus seinen

Gedanken resultieren. Auf diese Weise hat er die Verbindung zu seinem wahren Wesen vollkommen verloren.

Ursache solcher intensiver Unbewusstheit können jahrelanges Ego-Denken, starke Minderwertigkeitsgefühle, seelische Verletzungen, Rache-Gedanken, zwischenmenschliche Konflikte, ein starker Verlust oder eine schwere Krankheit sein. Hartnäckig bestimmen unkontrollierte negative Gedanken diesen Zustand.

- **Normale Unbewusstheit**

Zwanghaftes, automatisches Denken, gedankliches Verweilen in der Vergangenheit oder in der Zukunft und mangelnde Bewusstheit gegenüber diesen Gedanken-Vorgängen kennzeichnen die „normale Unbewusstheit", in der sich die überwiegende Anzahl der Menschen befindet. Charakteristisch für diesen Zustand ist der innere Widerstand gegenüber Menschen und Ereignissen, die als „schlecht" bewertet werden und die rastlose Suche nach dem, was als begehrenswert beurteilt wird.

Der „normale Mensch" kann sein Denken nicht stoppen. Die Wohltat des „Nicht-Denkens" ist für ihn kaum erfahrbar. Wer beginnt, sein Denken sorgfältig zu beobachten, kann erkennen, wie dieses vorwiegend von Verlangen, Erwartungen, Enttäuschungen, Ängsten und Sorgen angetrieben wird.

Durch seine Unbewusstheit befindet sich der „normal unbewusste" Mensch in einer Art „Tagtraum". Dieser ist in der Regel geprägt von Langeweile, Unbehagen, von Unzufriedenheit, von Glückssuche, von gelegentlicher Euphorie, von Nervosität, Stress, oder von Energielosigkeit, Resignation und von depressiven Gefühlen.

- **Erwachen**

Das duale Gegenstück zum Denken ist das „Nicht-Denken", das Verweilen in der „reinen Wahrnehmung". Auf diese Art werden wir eins mit unserem göttlichen Selbst. Erst wenn wir in der Lage, sind innere Stille zu praktizieren, können wir den Wert und Unwert des Denkens richtig einschätzen. Erst dann können wir uns von der Sklaverei der ungewollten, zwanghaften, ständig in unserem Kopf kreisenden Gedanken befreien und das Denken bewusst dort einsetzen, wo es sinnvoll ist.

Das Erwachen besteht darin, die große Täuschung, hervorgerufen durch die Art unseres Denkens, zu durchschauen. Von dieser Täuschung sprechen die ältesten Weisheitslehren der Menschheit. Sie wird in der Schöpfungsgeschichte des Alten Testamentes beschrieben, wo wir lesen, wie Adam und Eva vom Baum der Erkenntnis von „gut" und „böse" aßen und seither – „gestraft durch Gott" – unter der Wahnvorstellung der Härte und Unvollkommenheit des Erdendaseins leiden. Die alten indischen Weisen nannten diese große Täuschung die „Maya", welche ebenso durch das Wirken der „Natur Gottes" verursacht wurde.

Die Rückkehr zur Vollkommenheit des Seins

In Wirklichkeit gibt es kein „gut" und „schlecht". Es gibt nur die Vollkommenheit der allumfassenden Gottheit und ihrer Schöpfung. Zu dieser Vollkommenheit gehört auch die scheinbare „Unvollkommenheit" unserer dualen Denkweise. Sie ermöglicht uns, wie oben erwähnt, Freiheit und Selbstverwirklichung, statt wie Tiere und Pflanzen, allein von der „Natur" (Gott) bestimmt zu sein.

Zur allumfassenden Vollkommenheit zurück zu kehren, indem wir die große Täuschung durchschauen, ist die primäre Lebens-Aufgabe des Menschen. Sie wird im Neuen Testament gleichnishaft als die „Rückkehr des verlorenen Sohnes" beschrieben.

Der Evolutions-Weg der Menschheit und des einzelnen Menschen ist ein Weg des Bewusstseins-Wandels. Er führt vom

Seins-Zustand der „unbewussten Vollkommenheit" (vor der dualen Denkweise und Einteilung in „gut und böse") zum Gauben an „Unvollkommenheit" (bedingt durch das duale Denken und die Identifikation mit dem Körper). In diesem Bewusstseins-Stadium befinden sich – bis auf wenige Ausnahmen – alle Menschen der letzten Jahrtausende. Der nunmehr anstehende Schritt ist die geistige Rückkehr des „verlorenen Sohns" in die göttliche Einheit. Indem er diesen Schritt bewusst vollzieht, eröffnet sich nicht nur für ihn, sondern für das ganze Sein eine neue Dimension. Der Mensch verwirklicht mit diesem Schritt „bewusste Vollkommenheit". Auf diese Weise begegnet sich das universelle Bewusstsein (die Substanz der Welt) selbst. Das heißt es wird sich seiner selbst bewusst.

Der Weg des Menschen führt von der unbewussten Vollkommenheit über die scheinbare Unvollkommenheit zur bewussten Vollkommenheit.

Die befreiende und beglückende Rückkehr ins Vaterhaus (Rückkehr zu reiner Bewusstheit – ohne Identifikation mit unserem Körper, unserem Denken, unserer Vergangenheit, unseren Beziehungen, Besitztümern usw.) muss jeder Mensch selbst vollziehen. Sie hat nur dann einen Wert, wenn sie aus freiem Willen erfolgt. Deshalb werden wir auf unserem Weg dahin zwar von allen Kräften des Universums unterstützt, doch keine Gottheit, kein Erlöser kann uns dazu zwingen oder den Schritt für uns vollziehen.

Gut und Böse – unwirkliche Wellen auf dem Ozean des Seins

Tief und anhaltend glücklich und frei von allen Problemen können wir nur dann sein, wenn wir über die duale Denkweise hinaus gehen. Das heißt, die dualen Erscheinungen der Welt zu verstehen und sie nicht zu bekämpfen. Diese

Erscheinungen sind mit den Wellen auf dem Ozean vergleichbar. Sie sind für die Tiefe und Weite des Meeres ohne große Bedeutung.

Die dualen Erscheinungen gehören zum Spiel des Erdendaseins. Sie können uns, wenn wir das Spiel durchschauen, in ihrer Schönheit und Vielfalt beglücken. Zum anderen lassen sie uns leiden, wenn wir sie zu ernst nehmen und uns unnötig gegen die „schlechte" Seite von ihnen auflehnen. Wir müssen leiden, wenn wir unsere Ego-Vorstellung von dem, wie die Welt sein sollte und was das „Gute" und „Richtige" ist, durchsetzen wollen.

Der unwissende Mensch will nicht akzeptieren, dass zu jeder Welle auf der „Oberfläche" des Seins, eine Krone („das Gute") und ein Tal (das „Schlechte") dazugehören. Statt die Maya (Illusion der Erscheinungen) zu durchschauen, kämpft das Ego um die Abwehr und Beseitigung des scheinbar „Bösen" in und um sich und um das Erlangen von dem, was der Verstand als „gut", angenehm, erstrebenswert und liebenswert beurteilt. Das führt zu unendlichen, sinnlosen Konflikten in der Seele des Menschen und zu ebensolchen Konflikten mit seinen Nächsten bis hin zu Terrorakten und Kriegen.

Der Mensch möchte die an sich bedeutungslosen Wellen auf dem Meer des Lebens so hinbiegen, dass es nur „Kronen" (das Gute, Angenehme) und keine „Täler" (das Schlechte, Unangenehme) gibt. Das bedeutet, das erscheinende Sein nicht anzunehmen, wie es ist; es bedeutet „Nicht-Liebe".

Wirksame Veränderung ist nur durch Erkenntnis möglich

Der Mensch möchte seine äußere als negativ beurteilte Lebenssituation verändern und erkennt nicht, dass diese nur eine Projektion seines in dualen Mustern arbeitenden Verstandes ist. Tatsächlich kann der Mensch „die Welt" nur dann anhaltend verändern, wenn er das Wirken seiner Gedanken durchschaut und damit sein Bewusstsein verändert.

Auf diese Weise wird er von den oberflächlichen Wellen zum Ozean, zur unendlichen Weite, zur allumfassenden Liebe und zur unendlichen Weisheit des Seins jenseits der dualen Sichtweise vordringen. Dies wird und kann nur dann gelingen, wenn unser einfältiger, begrenzter, seit Jahrtausenden konditionierter Verstand immer mehr und mehr zu schweigen beginnt und sich damit Raum für unser Sein, welches für unser Denken nicht beschreibbar und fassbar ist, eröffnet.

Wenn es um die wesentlichen Fragen des Seins geht, kann uns nur das „Nicht-Denken" Antworten geben und uns befreien. Beende deshalb das gedankliche Verweilen in der Vergangenheit. Denke nicht unnötig nach über die Zukunft! Reduziere drastisch dein bisher rastloses Denken und mach dir keine Sorgen. Muss ein junger Baum darüber nachdenken, was aus ihm in der Zukunft wird?

Sorge dich nicht – lebe!

Wenn du aufhörst zu denken, wird eine geheimnisvolle Kraft die Sorge für deine Zukunft übernehmen. Diese Kraft wird die anstehenden Aufgaben tausend-mal besser erfüllen, als es dein Problem-Denken vermag. Du wirst deshalb nicht untätig sein, sondern du wirst – geführt von der vorerwähnten Kraft, frei von inneren Konflikten – im jeweiligen Augenblick spontan das richtige tun.

Vielleicht erinnert ihr euch dieser Worte:

> „Darum sage ich euch: Sorget nicht für euer Leben, was ihr essen und trinken werdet, auch nicht für euren Leib, was ihr anziehen werdet. Ist nicht das Leben mehr denn Speise? Und der Leib mehr denn die Kleidung?

Sehet die Vögel unter dem Himmel an: sie säen nicht, sie ernten nicht, sie sammeln nicht in die Scheunen; und euer himmlischer Vater nährt sie doch. Seid ihr denn nicht viel mehr denn sie?

Math. 6, 25-26

Liebe und Partnerschaft I. Teil

Liebe haben wollen oder Liebe sein

Das größte Hindernis für eine gelungene Partnerschaft besteht in der Erwartung, der andere sollte mir Liebe geben, der andere soll mich glücklich machen. Viele Menschen verwechseln eine Liebesbeziehung mit einem Ego-Trip. Sie hoffen von ihrem Partner dies und jenes zu bekommen. Meistens sind sie auch bereit zu geben, doch das macht die Beziehung eher zu einem Geschäft. „Ich gebe dir... und erwarte mir...". Dementsprechend werden Ehen gerne mit Versprechungen und Verträgen abgesichert.

Sie wollen „haben" und vergessen dabei auf das Wichtigste im Leben, nämlich darauf „hier und jetzt einfach zu sein". Nur wenn wir uns dem „Sein", dem Augenblick absichtslos, doch höchst achtsam hingeben, schaffen wir die Voraussetzungen, um wahre Liebe und Glückseligkeit zu verwirklichen.

Wenn jemand eine erfüllte Beziehung leben will, so muss er sich entscheiden: Will ich „Liebe haben" oder „Liebe sein"? Wer Liebe „haben" will, lebt – meist unbewusst – mit der Sorge, sie nicht in der gewünschten Art zu erlangen oder sie zu verlieren. Er fragt sich beispielsweise: „Liebt mich der andere genug? Liebt er auch jemand anderen? Warum verhält er sich nicht meinen Wünschen gemäß?" Diese Sorgen führen dazu, dass sich entsprechende Probleme einstellen. Denn Gedanken sind, wie wir wissen, Kräfte, die sich verwirklichen.

Was Bedeutung hat, ist aus Liebe geboren

Die Quelle unseres Universums (auch Tao, universelles Bewusstsein oder Gott genannt) ist Liebe. Alles, was Bedeutung hat, ist aus ihr entstanden und nichts Wirkliches kann und wird jemals ohne sie existieren.

Man kann diese Wahrheit nicht beweisen, weil alle tieferen Wirklichkeiten mit dem dualen Verstand nicht fassbar sind. Nur mit einer kontemplativen Anschauungsweise können wir zu ihnen einen Zugang finden. Hilfreich auf diesem Weg ist es, wenn wir uns wiederholt die unendliche Schönheit und Vollkommenheit des Universums, unserer Erde, jedes Lebewesens, jedes Gefühls, jedes Denkvorganges und die Weisheit, die dahinter steht, bewusst machen. Es genügt ein Gänseblümchen still zu betrachten, um sich für diese höhere Dimension zu öffnen. Versuche einfach nur zu schauen, nichts zu wollen. Vermeide mit dem Denken in die Vergangenheit oder Zukunft abzuschweifen. Öffne dich dafür, einfach nur Eins zu sein mit dem, was dir der Augenblick schenkt. Spüre in dich hinein, spüre deinen Atem, spüre die Glückseligkeit des Seins, deines Bewusstseins.

Die „Liebe", aus der das Universum aufgebaut ist, sollte nicht mit romantischen Gefühlen, mit Anbetung von Dingen, Menschen oder Göttern, mit Begehren oder mit sonstigen Ego-Bedürfnissen, wie jemanden besitzen wollen oder Lob und Anerkennung bekommen wollen oder nicht allein sein wollen verwechselt werden. Universelle Liebe bedeutet Weisheit, Kreativität, Schönheit, All-Verbundenheit, Selbstlosigkeit und Bewusstheit.

Bedingungslose, ungeteilte Liebe

Unser ganzes Universum ist nur begreifbar, wenn wir erkennen, dass es aus grenzenloser Liebe entstanden ist und auf diese Weise ständig neu erschaffen wird. Weil dies so ist, sind wir Menschen im Kern unseres Wesens bedingungslose, ungeteilte Liebe. Diese Liebe zu verwirklichen bedeutet, dass wir nicht das eine, was uns gefällt, lieben und das andere, was uns nicht gefällt, ablehnen, hassen und bekriegen. Sondern allen Erscheinungen, allen Menschen ohne Vorurteile, verständnisvoll mit wachen Sinnen und offenen Herzen begegnen können.

Das Glück von „außen" ist eine Illusion

Es gibt nur eine Art Liebe zu empfangen, nämlich Liebe zu sein. Man kann Liebe nicht „haben" und man kann sie auch mit größter Mühe nicht „erlangen". Deshalb ist es sinnlos die Liebe und das große Glück außerhalb von sich selbst zu suchen. Alle derartigen Bemühungen werden Schiffbruch erleiden und uns unglücklich machen.

Manche Menschen glauben, Liebe sei eine Mangelware. Sie sehnen sich nach Liebe, sie meinen sich anstrengen zu müssen, um Liebe zu erlangen oder dass die „große Liebe" ein besonderer Glücksfall sei, so ähnlich wie ein Hauptgewinn im Lotto. Sie resignieren oft, weil ihre bisherigen Bemühungen Liebe und Glück „zu bekommen", gescheitert sind.

Viele leiden, weil sie in der Illusion leben, dass unser Lebens-Glück durch äußere Umstände zustande kommt oder dass wir andere Menschen benötigen, um tiefe Liebesgefühle zu erfahren. Vorübergehend mag es so aussehen, als ob irgendein Ereignis, wie das Erreichen eines ersehnten Ziels, ein beruflicher Erfolg oder die Verbindung mit einer Person, uns glücklich machen kann.

Doch bald wird sich herausstellen, wie vergänglich solche Glücks-Erfahrungen sind und wie sehr es weh tut, wenn diese wieder verschwinden. Denn das von außen kommende Glück und die von außen kommende Liebe können nicht einhalten, was sie in unserer Phantasie zu versprechen scheinen. Es gilt zu erkennen, dass vergängliches Glück nur ein schwacher Abglanz der in uns verborgenen Glückseligkeit ist.

Veränderung

Wenn du erkennst wer du bist und lebst was du bist, wirst du überall Schönheit, Weisheit und Vollkommenheit erkennen. Auf diese Weise wird sich das Glück in dir entfalten. Du erfährst die Liebe in dir und damit auch in jedem Windstoß, in jedem Sonnenstrahl, in jeder Wolke, jedem Baum, in allen Lebewesen, in allen Menschen. Du wirst so eins mit allem Sein.

Zuvor kämpfst du vergeblich darum, die Welt, deine Umgebung, deine Lebensumstände zu verändern und zu verbessern, in der Hoffnung dadurch anhaltend und tief glücklich zu werden. Wirksame Veränderung erfolgt nur durch innere Verwandlung. Sie bedarf einer Befreiung vom ständigen „Wollen" des Egos. Erst wenn wir nichts mehr wollen, erschließt sich für uns die Vollkommenheit alles Seins. Es ist unser ständiges „Ich, Ich, Ich-Denken", „Ich will das und das und das nicht!", „Ich mache mir Sorgen wegen!", „Ich bin so arm weil...!", was wahre Liebe verhindert.

Sich selbst begegnen

Die meisten Menschen haben den Bezug zu ihrem Ursprung verloren. Deshalb glauben sie, Liebe erlangen und besitzen zu können. Doch hinter allem Verlangen, dem Suchen und den Erwartungen der Menschen ist die tiefe Sehnsucht verborgen, sich selbst zu begegnen. Wir suchen unbewusst in einer Partner-Beziehung, im beruflichen und sonstigen Erfolg, in Besitztum, in Lob und Anerkennung nach dem, was wir wirklich sind. Diese Suche im Außen bringt keine Befriedigung unserer wahren Sehnsucht, keine anhaltende

Glückseligkeit. Sie verursacht meist nur sinnlose Anstrengung, Stress, Enttäuschung und Depression.

Solange wir uns nicht selbst finden, verfolgt uns in der Seelentiefe – meist unbewusst – ein Gefühl von Mangel, der unseren Alltag und unsere Beziehungen zum Partner und zu anderen Menschen belastet.

Identifikation mit dem Vergänglichen

Die Sehnsucht danach, sich selbst zu erkennen, sich selbst zu verwirklichen, führt grotesker Weise vorerst zur Abkehr von sich selbst. Aus dem unbewussten Bedürfnis sich selbst zu finden, resultiert das Verlangen „etwas zu sein". Deshalb identifiziert sich der Mensch mit äußeren vergänglichen Erscheinungen. Wir identifizieren uns mit unserem Körper, unseren Gedanken und Gefühlen, mit unserer Herkunft, mit dem Partner, den wir zu haben vermeinen, und mit unserer Familie. Wir identifizieren uns mit Status-Symbolen, wie Autos, Haus, dem neuesten Handy, modischer Kleidung oder mit dem Urlaub auf einem Luxusschiff. Wir identifizieren uns mit den Rollen, die wir im Leben zu spielen haben.

Etwas „Fortgeschrittene" identifizieren sich mit ihrem Wissen, mit besonderen Fähigkeiten oder mit ihrer spirituellen Weisheit. Doch all diese Dinge und Fähigkeiten schaffen keinen inneren Frieden, keine Befreiung von Mühe und Sorgen. All diese „Geschichten" sind wir nicht. Sie haben nichts mit unserem göttlichen, ewigen Wesenskern zu tun. Wir werden sie auf Grund der Vergänglichkeit aller Erscheinungen früher oder später loslassen müssen. Solange wir an ihnen hängen, wird das Loslassen sehr schmerzhaft sein und uns so vorkommen, als ob ein Teil von uns selbst vernichtet wird.

Unser Seelengrund

Was niemals stirbt, ist unser Wesenskern, unser „Seelengrund", wie ihn Meister Eckehart nennt. Du kannst dir nur begegnen, wenn du jede Identifikation beendest, wenn du stille wirst und deine Aufmerksamkeit nach innen lenkst. Auf diese Weise gewinnst du Abstand von dem, was du glaubst zu sein. Beobachte, womit du dich identifizierst und du wirst erkennen: „Das alles bin nicht ich!" So findet jedes Begehren und Suchen sein Ende. Was übrig bleibt, ist das unbeschreibare „Selbst". Mit dieser Erfahrung verbunden stellt sich das tiefe, anhaltende Glück des Angekommen-Seins, des „Nichts-mehr-Erreichen-Müssens" ein und du bist frei.

Erwartungen – Den anderen „verbessern" wollen

Alle Erwartungen an das Verhalten des Partners entspringen im Grunde der Meinung, dass dieser für unser Glück verantwortlich sei. Erwartungen an den Partner sind vorprogrammierte Enttäuschungen. Erwartungen verschütten die Liebe. Wer vom anderen erwartet, dass er sich so verhält, wie dies den eigenen Wünschen entspricht, liebt nicht den andern, wie er ist, sondern seine vom Ego bestimmten Vorstellungen wie der andere zu sein hat.

In der Folge wird oft versucht, den Partner nach den eigenen Wertmaßstäben zu „verbessern", was stets misslingen wird. Häufig arten solche Belehrungs- und Erziehungs- Versuche in Nörgelei und Kritiksucht aus.

Was mich stört, ist mein Problem

Gewöhnlich stecken hinter den vermeintlichen oder auch tatsächlichen „Fehlern, Schwächen und Mängeln" des Partners die eigenen Schwächen, die wir nicht sehen wollen und nicht ertragen können. Daher werden sie unbewusst auf den andern projiziert. Und es gilt die alte Weisheit: *„Was mich stört, ist mein Problem".*

Was mich stört und verärgert, ist in der Regel mein eigenes Ego, welches sich im Ego-Verhalten des anderen widerspiegelt. Beobachte daher sorgfältig und liebevoll dich selbst, wenn Ärger oder Widerstand in dir hochsteigen und mache dir bewusst: „Das ist mein Ego! Das bin nicht ich! Ich bin reines Bewusstsein! Ich bin grenzenlose Liebe!"

Schwächen des Partners, die nicht eigenen Schwächen entsprechen, lassen uns nicht emotional reagieren. Wir können sie neutral und liebevoll erkennen und dementsprechend gelassen darauf antworten.

Liebe will nichts verändern

Wenn jemand seinen Partner nicht so annehmen und lieben kann, wie er ist, entstehen zwangsläufig Unzufriedenheit, Ärger, Frust, Abneigung, Distanz, Entfremdung, Schuldzuweisung, Selbstbedauern, Streit, Stress und Depressionen. Wie können in so einer Beziehung Harmonie, Frieden und Freude gedeihen?

Wie Kati Byron spricht:

> *„Liebe will nichts verändern. Sie hat bereits alles, was sie will. Sie ist bereits alles, was sie will und wie sie es will."*
> *„Wenn Sie meinen, Ihr Partner sollte anders sein, als er ist, lieben Sie ihn nicht. Dann lieben Sie den Menschen, der er sein wird, wenn Sie damit fertig sind, ihn zu manipulieren. Dann bleibt er austauschbar, bis er dem Bild entspricht, das Sie von ihm haben."*

Partner-Liebe bedeutet, den anderen so annehmen zu können, wie wir den Blumen auf einer Wiese begegnen. Wir verlangen nichts von ihnen. Wir akzeptieren und lieben sie, ob groß oder klein, gleich welche Farbe sie haben. Gegenüber der Natur fällt es uns leicht, unser Ego zu vergessen und Liebe zu sein, weil die nichtmenschliche Natur kein Ego kennt und so unser Ego nicht widerspiegelt.

Reif sein für eine beglückende Partnerschaft

Wenn uns bewusst wird, dass wir Liebe SIND, so benötigen wir niemand, der unsere Liebe empfängt oder erwidert. Wenn jemand auf unsere Liebe antwortet, so ist dies wunderbar, doch wir sind ebenso glücklich, wenn dies gerade nicht der Fall ist. In der Regel wird sich unsere ganze Umwelt erstaunlich verzaubern und Liebe reflektieren, wenn wir selbst in der Liebe sind.

Reif für eine beglückende Partnerschaft sind wir erst dann, wenn wir unabhängig von anderen Personen, unabhängig von der Zuneigung, von Lob und Anerkennung seitens anderer Personen, vereint mit uns selbst, zufrieden und glücklich leben können. Das ist mit und ohne Partner möglich. Dann sind wir niemals „einsam" oder „verlassen", sondern wir genießen es gelegentlich „all-ein" und dabei „all-ein-s" zu sein.

Liebe und Partnerschaft II. Teil

Jeder bekommt immer den „idealen" Partner

Viele Menschen leiden unter Zweifeln ob sie wohl den richtigen Partner bekommen werden, ob sie den richtigen Partner gewählt haben, ob sie sich trennen sollen oder nicht. Mach dir keine Sorgen! Das Schicksal macht keine Fehler! Wir glauben unsere Entscheidungen aus freien Stücken zu treffen, doch bei näherem Hinsehen zeigt sich, dass davon in den meisten Fällen keine Rede sein kann. Wie ich an anderer Stelle wiederholt dargestellt habe, sind die Menschen in ihren Entscheidungen vorwiegend von ihren Genen, von ihrer Erziehung, von glücklichen und unglücklichen Erfahrungen und nicht zuletzt von ihrem Schicksal *(sanskrit: karma)* bestimmt.

Die meisten Menschen denken: „Es ist ein Zufall, dass ich gerade diesem Menschen begegnet bin und dass daraus eine Partnerschaft entstanden ist." Sie meinen auch, sie selbst hätten sich für eine tiefere und länger währende Beziehung entschieden. Die Wirklichkeit sieht anders aus:

> *„Der Mensch denkt und Gott (das universelle Bewusstsein) lenkt."*

Nichts geschieht in diesem Universum, was nicht in eine höhere, vom gewöhnlichen Verstand nicht erfassbare Weisheit eingebunden ist.

Wie Jesus erklärt:

> *„Sogar alle Haare auf eurem Haupte sind (bei Gott) gezählt!"*
>
> Math. 10, 30

Jeder bekommt immer den Partner, der exakt seiner Bewusstseinsstufe entspricht. Das heißt, dein derzeitiger Partner ist genau „der Richtige", egal ob deine Beziehung „gut" ist oder nicht, egal ob dies für dich angenehm oder vielleicht sehr schwierig ist. Die Menschen um dich sind deine besten „Entwicklungs-Helfer", von ihnen kannst du am meisten lernen.

Dein Partner entspricht deinem von dir im Zusammenwirken mit göttlicher Weisheit verursachten Schicksal. Dieses Schicksal „straft" nicht, sondern ist immer bestrebt, dir eine Hilfe-Stellung auf dem Weg zu dir selbst zu geben. Es will immer das Beste für dich!

Je mehr du in der Liebe bist, desto mehr Liebe wird sich in deiner Beziehung offenbaren. Auf der anderen Seite wird dir dein Partner mit seinem Ego-Verhalten oft einen Spiegel deiner eigenen Schwächen vorhalten.

Dieses Gesetz gilt natürlich auch für alle deine anderen Verbindungen mit Menschen, wie beispielsweise zu deinen übrigen Verwandten, deinen Freunden, zu deinen Arbeitskollegen, Vorgesetzten, Kunden usw.

> *Wenn du weißt, dass du immer das bekommst, was du brauchst, so wird das Leben zum Paradies.*
>
> Byron Katie

Bis der Tod euch scheidet!

Entwickeln sich Partner in verschiedene Richtungen, so kann es sein, dass die Beziehung nicht mehr den beiderseitigen Bewusstseinsstufen entspricht. Dann wird es sehr oft zu einer Trennung kommen. Dabei sollte niemand von einer „gescheiterten Ehe" sprechen, wie dies häufig geschieht. Wozu diese negative Beurteilung? Niemand „scheitert", jeder darf lernen und sich fortentwickeln. Beziehungen ändern sich und werden beendet. Spart euch dabei Schuldvorwürfe an den anderen oder an euch selbst. Es gibt keine Schuld – nur Unbewusstheit!

Ein Ehe-Versprechen: „...bis dass der Tod euch scheidet" ist an sich schon ein Fehler. Wozu dieser Zwang? Entweder ihr liebt euch oder ihr liebt euch nicht! Kann man lieben müssen? Entweder du bist in der Liebe oder nicht. Niemand kann in die Zukunft blicken. Deshalb ist es ein Verstoß gegen deine Freiheits- und Menschen-Rechte, gegen die Liebe zu dir und zum anderen, irgendein Gelübde abzulegen. Nur dir selbst und Gott solltest du in „guten und schlechten Tagen" verpflichtet sein. Damit erfüllst du alle Liebe.

Zu einer Trennung kann es natürlich auch kommen, wenn das Ego eines der Partner oder die Egos beider Partner ein weiteres Zusammenleben nicht zulassen. Doch wir sollten uns dabei immer bewusst bleiben: Unsere Lebensumstände entsprechen unserer Bewusstseins-Stufe. Unsere Umgebung spiegelt gewissermaßen unseren Charakter, unser Denken, Fühlen und Wollen.

Daher wird das Verlassen einer Partnerschaft solange die Lebensumstände nicht verbessern, solange wir uns selbst nicht verändern.
Diesfalls werden wir in einer neuen Beziehung ähnliche Bedingungen vorfinden wie in userer alten.

Die Aufhebung einer Partnerschaft muss nicht in einer Tragödie ausarten. Sie muss nicht mit Streit, gegenseitigen

Schuldvorwürfen und negativen Gefühlen verbunden sein. Sie kann friedlich, in Liebe und mit gegenseitiger Wertschätzung erfolgen. So werden negative karmische Folgen vermieden.

Oft höre ich als Argument gegen eine Scheidung, dass die Kinder der Eheleute darunter besonders leiden. Wie die Praxis von vielen Patchwork-Familien zeigt, muss dies nicht der Fall sein. Es ist für Kinder besser, wenn die Eltern getrennt leben, als sie müssen Missstimmung, Unzufriedenheit, Streit und Spannungen zwischen den Partnern ertragen. Wenn Eltern in Liebe auseinander gehen, sich weiterhin respektieren und einvernehmlich die weitere Betreuung der Kinder regeln, so kann dies eine große Chance für alle Beteiligten sein.

Klammern oder Loslassen

Wahre Liebe will nicht besitzen. Eine gute Beziehung gedeiht in Freiheit und nicht im Gefängnis von gesetzlichen und moralischen Vorschriften, von Versprechungen und Gelübden.

Du kannst eine Liebesbeziehung nicht festhalten. Je mehr du das versuchst, desto rascher stirbt die Liebe. Das Glück des Lebens beruht darauf, liebevoll anzunehmen, dass alles sich ständig verändert. Bekanntlich ist allein der Wandel das einzig Beständige.

Je mehr der eine Partner den anderen zu binden, zu halten, zu umklammern versucht und auf der anderen Seite, je mehr der eine seine ureigensten Bedürfnisse zu Gunsten des anderen unterdrückt, desto sicherer werden sich Unglücklich-Sein, Leid und Krankheit einstellen.

Im dem genialen Werk von Khalil Gibran *„Der Prophet"* spricht dieser:

> „Liebe besitzt nicht, noch lässt sie sich besitzen.
> Lasst Raum zwischen euch. Und lasst die Winde des Himmels zwischen euch tanzen.
> Liebet einander, aber macht die Liebe nicht zur Fessel: Lasst sie eher ein wogendes Meer zwischen den Ufern eurer Seelen sein.
> Füllt einander die Becher, aber trinkt nicht aus einem Becher.
> Und glaube nicht, du kannst den Lauf der Liebe lenken, denn die Liebe, wenn sie dich für würdig hält, lenkt deinen Lauf."

Liebe und Selbsterkenntnis bedingen sich gegenseitig.

Nachdem wir Liebe SIND, schwingt in der Liebe zur Natur, zu den Menschen, zu unserem Schicksal, zum Leben, wie es uns täglich entgegentritt, Selbst-Erkenntnis und Selbst-Verwirklichung mit. In der Liebe erkenne ich mich selbst, in der Liebe verwirkliche ich mich selbst.

Weil wir Liebe sind, bedeutet das Sich-Öffnen für die Liebe Selbsterkenntnis und umgekehrt ist die Selbsterkenntnis die Basis für wahre Liebe.

Nisargadatta, einer der großen indischen Lehrer des 20ten Jahrhunderts erklärt dazu:

> „Die Liebe für andere ist das Ergebnis von Selbsterkenntnis, nicht seine Ursache.
> Solange du nicht die Einheit mit anderen Menschen realisiert hast, kannst du sie nicht lieben."

Loslassen von Bewertungen

Selbsterkenntnis erfordert die Aufgabe des Egos. Wie geht das vor sich? Es ist ganz einfach. Beende deine „Ich"-bezogenen dualen Bewertungen. Liebe alles, wie es ist. Liebe die Schlange, die Küchenschabe, die „hässliche" Kröte genauso wie dein Lieblingstier. Versöhne dich mit allem, was es gibt, mit schönem und schlechtem Wetter, mit wundervollen Stunden und Katastrophen, mit „guten" Menschen genauso wie mit „bösen". Geh über die angeborene und anerzogene duale Denkweise – „begehre ich, will ich oder lehne ich ab, verurteile ich und bekämpfe ich" – hinaus!

Für den Weisen entspringt alles aus göttlicher Schöpfung und göttlicher Weisheit und er durchschaut das Spiel *(sanskrit: maya)* der vergänglichen Erscheinungen.

Robert Adams, ein Schüler *Ramana Maharshis*, erklärt:

> *Die totale Liebe für das Universum tötet das Ego. Denn es ist das Ego, das all diese Spiele mit dir spielt. Es ist das Ego, das dich jemanden besonders lieben oder hassen lässt... Es ist das Ego, das dich glauben lässt, Giftefeu sei schlechter als die Rose. Es ist das Ego, das dich dazu bringt, das Leben zu bewerten. Für den Weisen ist alles gleich. Nichts ist besser oder schlechter als etwas anderes.*

Wer sein Ego aufgibt, wer mit seinem Inneren verbunden ist, muss deshalb nicht zum lebensfremden Asketen werden. Im Gegenteil, er genießt jeden Augenblick des Seins. Er ist offen für Beziehungen zu anderen Menschen. Entspannt und ohne Erwartungen empfängt er, was sein Schicksal ihm anbietet. Er nimmt die Geschenke des Lebens dankbar an, doch er ist in seinem Glücklich-Sein nicht abhängig von ihnen. Er ruht in sich, ob ihm Angenehmes oder Unangenehmes begegnet.

Krishna: Wer niemandem gegenüber feindlich gesinnt ist, sondern freundlich und hilfsbereit. Wer sich von Selbstsucht befreit, wer gleichmütig bleibt in Freude und Leid, wer stets zufrieden ist und mit Entschlossenheit seinen Weg zur Selbst-Befreiung geht, der wird mit mir vereint.

Bhagavad-Gita 12,13-14

Liebe und Partnerschaft III. Teil

Auf alle weltlichen Freuden verzichten?

Bei meinen Seminaren und auch als Reaktion auf meine Essay-Briefe, bekomme ich wiederholt die besorgte Anfrage: „Müssen wir auf dem Weg zur Befreiung, auf dem Weg zur Aufgabe des Egos, auf dem Weg zur selbstlosen Liebe auf alle Freuden des Lebens verzichten?" Meine Antwort dazu lautet: „Wer macht sich diese Sorgen? Natürlich unser kleines Ego! Doch diese Sorgen sind unbegründet. Du brauchst auf dem spirituellen Weg auf nichts verzichten. Du lebst nach wie vor dein Leben in dieser dualen Welt, mit deiner Familie und erfüllst die Aufgaben, die das Schicksal an dich heranträgt. Nur sehr aufmerksame Beobachter aus deiner Umgebung werden bei dir eine Veränderung wahrnehmen. Du selbst allerdings wirst erkennen, dass du innerlich ruhiger und gefestigter wirst, dass du nicht mehr von Emotionen, Sorgen und Ängsten beschwert, dass du liebevoller, ausgeglichener und glücklicher bist.

Du wirst dich nach wie vor an Menschen, an der Natur, an Dingen und Ereignissen erfreuen. Deine Empfindungsfähigkeit wird nicht abflachen, sondern im Gegenteil, es werden deine Gefühle unbelastet von Begehren und Sorgen sein. Sie werden tiefer gehen und von einem inneren Frieden begleitet sein. Du wirst in ganz neuer Art mit dem Jetzt, mit dir selbst und mit den anderen Menschen verbunden sein.

Natürlich wird sich dein veränderter Bewusstseins-Zustand in allen deinen Lebensbereichen bemerkbar machen. Denn die Umwelt ist dein Spiegel. Veränderst du dich, so werden sich auch deine Lebensumstände in erstaunlicher Weise verändern. Doch wenn du behutsam, liebevoll und möglichst ohne Ego-Streben dich entfaltest, so wird dies in Harmonie und ohne innere oder äußere Konflikte vor sich gehen.

Welche Bedeutung hat Sex für eine Partnerschaft?

Sex kann so natürlich sein wie Atmen oder Spazierengehen. Wie Kathi Byron erklärt:

> *Wenn du dich allerdings darauf einlässt, Dinge wie Befriedigung, Ekstase, Intimität, Zusammengehörigkeit und Romantik zu suchen, solltest du nicht damit rechnen sie auch zu finden.*
> *In Wahrheit schläft Gott mit Gott und Regeln gibt es dabei nicht.*
> *Und wenn du daran teilhaben willst, so sei ganz und gar präsent.*

Auch beim Sex ist unser Ego-Denken unser größter Feind. Vielen Menschen fällt es selbst in den intimsten Augenblicken des Zusammenseins mit ihrem Partner schwer, das Denken abzuschalten. Sie denken darüber, was der andere denkt und fühlt, ob sie sich richtig verhalten, was als Nächstes geschehen soll und so fort. Je mehr du denkst, wie Sex ablaufen soll, was du dir erwartest und was du tun musst, um dem anderen zu gefallen, desto mehr Probleme entstehen. Erfüllung findest du in allen Bereichen des Lebens nur im „Nicht-Denken und Nicht-Wollen", nur in der absichtslosen Liebe, im absichtslosen Sein.

Lebe dein Leben, deine Individualität

„Alle Menschen lieben" bedeutet nicht, dass du mit Menschen, in deren Gegenwart du dich nicht wohl fühlst, mehr zusammen zu sein musst, als es die Umstände erfordern.

Wie jede Pflanze den ihr eigenen Boden benötigt, um gut zu gedeihen, so gilt dies auch für den Menschen. Deshalb sollte jeder, der erwägt eine Lebensgemeinschaft einzugehen, zuvor sorgfältig prüfen, ob die beiderseitigen Veranlagungen, Charaktere, Lebens-Gewohnheiten und Lebens-Ziele soweit übereinstimmen, dass ein harmonisches Zusammenleben erwartet werden kann. In ähnlicher Weise gilt dies für unsere Beziehungen zu Freunden, für die Wahl unseres Arbeitsplatzes und für unsere sonstige Umgebung.

Den Partner stets mit neuen Augen sehen

Liebe bedeutet Offenheit der Sinne. Sie erfordert, die Vergangenheit zu vergessen, jeden neuen Tag mit neuen Augen, unbeeinflusst von dem, was gestern war, zu sehen. Lerne auch deine Mitmenschen, deinen Partner frei von Denkgewohnheiten wahrzunehmen. Erkenne sie als Wesen mit einem göttlichen Wesenskern, auch wenn dieser durch Unwissenheit verschleiert sein mag. Befreie dich von Vorurteilen und bleib stets offen für die Vollkommenheit jedes Augenblicks.

Der Mensch hat allemal die Wahl, bewusster zu werden oder blind, ohne Verstand und ohne Herz seinen Weg zu gehen. Achtsamkeit, Behutsamkeit und Entscheidungen ohne Gier bewirken gutes Karma. Blindes, von Wünschen, Erwartungen, Verlangen, Besitzstreben oder Ängsten beeinflusstes Denken und Handeln sorgen für entsprechend negative Folgen.

Selbstvertrauen ist Gottvertrauen

> *Alles ist gut, wie es ist! Das Schicksal macht keine Fehler! Alles Geschehen folgt letztlich einer höheren Fügung.*

Der Mensch glaubt, das äußere Geschehen durch Taten verändern zu können. In Wirklichkeit werden alle Ereignisse vom universellen Bewusstsein (Gott, Allah, Brahman oder wie immer genannt) in Verbindung mit dem persönlichen Schicksal bestimmt.

Von einer höheren Warte aus gesehen, kannst du gar nie einen Fehler machen, denn jedes Geschehen ist eingebettet in die allumfassende Macht, die mit höchster Weisheit und Liebe alles regelt und durchdringt.

Mach dir daher keine Sorgen, ob du richtig entscheidest, ob du den richtigen Weg gehst. Du kannst durch Taten nicht wirklich die äußere Welt verändern. Doch du hast jederzeit die Möglichkeit, dein Bewusstsein zu erweitern. Dein Bewusstsein hat unbegrenzte schöpferische Kraft. Wenn du dich veränderst, so verändert sich deine Welt und mit ihr die gesamte übrige Welt, die untrennbar mit deinem Bewusstsein verbunden ist.

Du hast immer zwei Möglichkeiten:

a. Du kannst dich für die universelle Weisheit, Liebe und Vollkommenheit des Seins öffnen. Du kannst in Harmonie mit dir selbst dein Bestes geben, sodann loslassen und deiner Intuition, dem Leben, dem universalen Bewusstsein vertrauen. Du spürst so die Liebe und Kraft, die dich leitet in dir. Du wirst dir deines göttlichen und vollkommenen Wesenskerns bewusst oder

b. Du wirst, gleichsam hypnotisiert von jahrtausendalten Denkmustern, in der Meinung verharren, die Welt sei mangelhaft und ungerecht und es gebe viele schlechte

Menschen, die uns bedrohen. So wirst du dir einbilden, dass es für dein Überleben notwendig sei, hart und angestrengt zu arbeiten, zu kämpfen und dich durchzusetzen. Auf diese Weise wirst du dir Sorgen machen und unglücklich sein.

Liebe ist Meditation

In den beiden vorangehenden Kapiteln wurde aufgezeigt, dass alles aus Liebe geschaffen wurde und dass daher jeder Mensch im Grunde seiner Seele Liebe ist. Doch mancher wird sich bei diesen Worten denken: *„Dass ich Liebe bin, davon konnte ich bislang nicht viel bemerken. Eher fühle ich mich als Getriebener, Sklave, Gefangener oder Opfer meiner Aufgaben, meines Berufes, meiner Verantwortung für die Familie, meiner Beziehungsprobleme."*

Wir sind nicht Sklaven unserer Umgebung, sondern Sklaven unserer Gedanken, Bewertungen, Wünsche, Sorgen, Erwartungen und Verhaltensmuster.

Deshalb ist es wichtig, dass wir lernen unser Gedanken-Karussell unter Kontrolle zu bringen. Das üben wir am besten wenn wir uns vom Getriebe des Alltags zurückziehen und ohne Bewerten, ohne etwas zu wollen, im Sein verweilen. Das heißt, wir beobachten neutral und gelassen, was jetzt um uns und in uns vor sich geht. Das nennt man Meditation. Ausführliche Anregungen und Erklärungen dazu kannst du in meinen Büchern, Essay-Briefen, Vorträgen und Seminaren bekommen.

Liebe benötigt die Stille der meditativen Wahrnehmung. Sie lebt, wenn wir ganz im Augenblick aufgehen. Dies funktioniert nur, wenn wir nicht an Geschichten von Gestern oder vor einer Stunde denken und ebenso wenig an die Aufgaben und Probleme von Morgen.

Weil wir Liebe sind, ist „in sich zu ruhen" und „nichts zu denken" das Beste was wie tun können. Deshalb sollten wir uns darin so oft wie möglich üben und es genießen. Auf diese Weise verwirklichen wir uns selbst.

Die Entscheidung glücklich zu sein

Wahre Liebe und anhaltendes Glücklich-Sein sind eng mit einander verbunden. Beide sind Offenbarungen unseres Seelengrundes. Solange jemand glaubt, er benötigt dies und jenes um wahrhaft glücklich zu sein, ist er in seinem Wohlbefinden abhängig von dem „Auf" und „Ab" der dualen Erscheinungen und er ist weit davon entfernt, das zu leben, was er wirklich ist.

> *Du wirst befreit sein von den Fesseln deiner Erwartungen, Wünsche, Sorgen und Sehnsüchte, wenn du dich radikal dafür entscheidest, glücklich zu sein, in der Liebe zu sein, das zu sein, was du wirklich bist, ganz egal, was immer sich im Außen ereignen mag.*

Je achtsamer du deine Seelenregungen beobachtest, desto leichter fällt es dir in der Liebe zu sein. Du kannst zu jeder Stunde in der Liebe sein ganz gleich, wo du dich gerade befindest oder was du tust: im Urlaub am Meer, wenn du einen wunderbaren Sonnenuntergang erlebst, im Stau auf der Autobahn, beim Kartoffelschälen oder wenn du mit einem lieben Menschen zusammen sein darfst.

In der Liebe zu sein bewirkt einen Doppeleffekt. Nicht nur wir sind glücklich, sondern durch unsere Ausstrahlung fällt es anderen Menschen leichter in unserer Gegenwart entspannter, liebevoller und glücklicher zu sein, als es ihrem gewohnten Zustand entspricht. Das kommt wiederum uns selbst zugute. Wer in der Liebe ist, sich keine Sorgen macht, im „Hier und Jetzt" lebt und sich am Wunder des

Seins erfreut, der hat das große Los in der „Liebes-Lotterie" gewonnen.

Wenn du zur wahren Liebe vordringst, versöhnst du dich mit den Eigenarten deines Partners, mit der Art wie die Welt ist, wie du selbst bist und mit deinem Schicksal. Du strahlst Harmonie und Zufriedenheit aus. Du musst nicht mehr kämpfen, um irgendein Glück zu erlangen. Du ruhst in dir und blickst gelassen auf das göttliche Spiel *(sanskrit: lila)* des äußeren Seins.

Bedingungsloses „Ja-Sagen"

Wenn wir uns über etwas ärgern oder andere verurteilen, so schaden wir uns selbst. Die Menschen und die Dinge sind, wie sie sind. Wir können nur versuchen das Beste aus dem zu machen, was ist. Innerer Widerstand gegen das, was ohnedies bereits eingetreten ist, ist dumm, sinnlos und selbstzerstörerisch. Die Folge von Ärger, Angst und Zorn sind Enge, unglückliche Gefühle, Krankheit, Trennung vom Sein und von sich Selbst.

Liebe zu sein, Liebe zu leben erfordert ein bedingungsloses

- Ja-Sagen zum Leben, wie es zum gegenwärtigen Augenblick ist;
- Ja-Sagen zum ständigen Wandel, zum Werden und Vergehen;
- Ja-Sagen zu unseren Schwächen und Stärken;
- Ja-Sagen zu der Art, wie andere Menschen sind, wie mein Partner ist;
- Ja-Sagen zu „Gut und Böse", wie sie uns in unserer dualen Sicht- und Denkweise gegenüber treten.

Letztlich geht es darum, den Schöpfer und die Schöpfung zu bejahen, wie sie sind. Das bedeutet höchste Liebe und in dieser begegnen wir uns selbst.

Aus dem „Ja-Sagen", aus der Liebe zum Sein, wie es ist, entsteht Erkenntnis. Sodann endet jeder Konflikt, höchstes Glück und innerer Frieden stellen sich ein und wir werden in jeder Situation wissen, wie wir uns verhalten sollen.

Dein Zugang zur Intuition I

Der Mensch ist Bürger zweier Welten

Der Mensch ist Bürger zweier Welten. Eine davon kennt jeder zumindest dem Anschein nach recht gut. Es ist die Welt, welche uns durch die fünf Sinne vermittelt wird. Diese Sinnes-Wahrnehmungen werden durch unser Denkorgan – so wie wir individuell konditioniert sind – weiter verarbeitet, analysiert, geordnet und bewertet. Ich bezeichne sie als die „B-Welt". In dieser Welt fühlt sich der Mensch vorzüglich „zu Hause". Neben dieser Welt gibt es noch eine zweite, durch die Sinne nicht wahrnehmbare Welt, welche als transzendente oder geistige Welt bezeichnet wird. Nennen wir diese Welt die „A-Welt".

Die „A-Welt" ist den meisten Menschen unbekannt, obwohl sie mit ihr engstens verbunden sind. Denn aus ihr stammen alles Leben und auch unsere Fähigkeit zu denken, zu fühlen und zu wollen. Doch weil diese Welt durch die Sinne nicht wahrgenommen und durch das gewöhnliche Denken nicht erfasst werden kann, haben die meisten Menschen nur einen sehr eingeschränkten Zugang zu dieser Dimension des Seins.

Unsere Intuition, die Verbindung zur geistigen Welt

Die „A-Welt" offenbart sich dem Menschen vorzüglich über seine „Intuition". Durch diese sind wir in der Lage, Lebenssituationen umfassend zu „begreifen" und aus diesem Wissen die „richtigen" Entscheidungen zu treffen. Eine „Intuition" zu haben bedeutet, zu wissen, ohne zu wissen, warum wir wissen. Im Volksmund sagt man: Das „Bauchgefühl" oder der „sechste Sinn" vermittelt uns jenseits logischer Überlegungen eine tiefere Einsicht ins Sein und sagt uns, wie wir uns optimal verhalten können.

Es gibt viele Erklärungen, wie eine Intuition zustande kommt. Manche behaupten, dass sie aus dem „Unterbewusstsein" hervor gehe. In diesem seien alle unsere Erfahrungen und sogar die, welche wir mit unseren Genen mitbekommen, gespeichert. Aus diesem Bewusstsein tauchen – unter bestimmten Voraussetzungen – Gefühle und Ideen auf, die uns den „richtigen" Weg weisen. Wissenschaftler und Psychologen haben verschiedene Theorien darüber aufgestellt, was das Unterbewusstsein ist, wo es sich befindet und wie es funktioniert.

Unser Gehirn produziert keine Gedanken

Manche Wissenschaftler gehen davon aus, dass alle Denk- und Erkenntnis-prozesse vom Gehirn produziert und gespeichert werden. Sie meinen auch, dass sich das Unterbewusstsein im Gehirn befinde.

Bestätigt werden solche Konzepte beispielsweise durch Untersuchungen, die zeigen, dass unsere linke Gehirnhälfte vorwiegend das analytische, logische und systematische Denken unterstützt. Hingegen ist offenbar in der rechten Gehirnhälfte das holistische, kreative, gefühlsorientierte, intuitive Denken beheimatet.

Es mag sein, dass die beiden Gehirnhälften unterschiedliche Aufgaben zu erfüllen haben. Es ist jedoch unsinnig davon auszugehen, dass unser Gehirn selbstständig „denkt". Ein geistiger Vorgang wie „Denken" kann nicht aus einem Körper-Organ hervorgehen. Materie erzeugt nicht Geist, sondern es verhält sich umgekehrt: alle Erscheinungen sind Offenbarungen eines spirituellen Vorgangs. Man kann nicht ernsthaft sagen, dass zuerst die Erscheinungen da sind und dass diese aus sich eine geistige Bedeutung entwickeln. Der „Sinn", das „Tao", „Gott", das „universelle Bewusstsein" – oder wie immer man die geistige Welt („A-Welt") benennen will – besteht zuerst und aus ihr ergeben sich alle Dinge und Ereignisse.

Jeder weiß, dass ein Fernsehgerät keine Filme „produziert", sondern nur von einem Sender ausgehende Strahlen empfängt und diese in Bild und Ton „sichtbar" macht. Ebenso bildet das Gehirn aus sich heraus keine Gedanken, sondern es dient nur als „Empfangsgerät", damit Ideen, die aus dem Geist kommen, für unser Bewusstsein offenbar werden.

Allerdings gibt es sehr wohl „alte" Gedanken, die immer wieder dieselben Neuronen- und Synapsen-Wege in unserem Gehirn durchlaufen. Wir können bei uns selbst und bei anderen solches totes, zwanghaftes Denkverhalten beobachten, welches dem Abspielen einer Schallplatte gleicht, die immer wieder dasselbe Programm wiederholt.

Die erscheinende Welt ist nur ein Gleichnis

Weise Menschen, die einen bewussten Zugang zur „A-Welt" haben, lehren uns, dass die B-Welt nur ein vergänglicher Abglanz, eine vorübergehende Offenbarung der A-Welt sei.

So spricht auch Goethe in seinem „Faust 2":

„Alles Vergängliche ist nur ein Gleichnis…"

Alles, was in der „B-Welt" erscheint und passiert, „symbolisiert" die geistige Welt, die jenseits von Bildern und Worten existiert. Selbst alle Worte, die wir verwenden, um uns in der

„B-Welt" leichter zurecht zu finden, sind nur Metaphern für den Geist, der dahinter wirkt. So vermittelt beispielsweise der Begriff „Rose" nur ein radikal eingeschränktes Bild von dem, was dahinter lebt, wächst, blüht, duftet, sich vermehrt und so fort.

Es ist die A-Welt, welche alles Leben, das Schicksal und den Tod bestimmt. Wie jeder leicht feststellen kann, unterliegt die Welt der Erscheinungen einem ständigen Wandel. Alles, was wir mit den Sinnen wahrnehmen können, inklusive der mit ihnen verbundenen Gedanken, Gefühle und Willensimpulse kommt und vergeht. Diese Welt hat daher nur eine vorübergehende, sehr flüchtige Wirklichkeit. Sie wird als „Illusion" (Sanskrit: Maya) bezeichnet, weil sie nur einen bescheidenen von unserem dualen Verstand geprägten Abglanz der geistigen Welt offenbart. (Mehr zu den Themen „Maya", „duales Denken", „Schicksal" und „Tod" findest du in meinem Buch „Die Essenz der Bhagavad-Gita.")

Für das Erdenleben benötigen wir den Verstand und (!) die Intuition

Wie ein Vogel zwei Flügel benötigt, um fliegen zu können, so benötigt der Mensch für sein Erdenleben sowohl den Verstand als auch die Intuition.

Vorteile des Verstandes

Der Verstand lebt von der Sprache. Gewöhnlich nützen wir Worte um Dinge zu benennen und Sachverhalte zu beschreiben. Wir benötigen den Verstand, um unsere alltäglichen Aufgaben rasch zu erledigen und um uns mit anderen Menschen zu verständigen. Doch der Verstand bleibt immer an der Oberfläche der Wirklichkeit. Wenn ich zu meinem Partner sage: „Heute kommt Franz zu Besuch!", so verwende ich, weil es praktisch ist, zur Beschreibung wer zu Besuch kommt, einfach nur das Symbol „Franz". Tatsächlich existiert hinter diesem Symbol eine komplexe Person, bestehend aus Körper, Seele und Geist, mit all ihren Facetten. Selbst wenn man unzählige Worte verwendet um eine Person zu beschreiben, sind diese nicht geeignet ihr ganzes Wesen zu erfassen.

Ein „gesunder Verstand" bewahrt uns auch davor, in spirituelle Phantasien abzugleiten und damit den Boden unter den Füssen zu verlieren. Der Verstand kann somit eine Kontroll-Funktion ausüben. Er sollte uns insbesondere davon abhalten. Glaubensinhalte, die uns durch sogenannte „Meister" angeboten werden, ungeprüft zu übernehmen.

Jeder Mensch ist in seinem Innersten mit der höchsten Weisheit verbunden und hat daher selbst die Möglichkeit, die Wahrheit zu erkennen. Je besser wir uns von unserem Ego und seinen Wünschen befreien, desto besser werden unsere Intuition und unser Verstand zusammen arbeiten und uns letzlich das Tao, die alles durchdringende Wahrheit, Weisheit und Liebe, offenbaren.

Ein Leben ohne Intuition bedeutet Angst

Der Verstand benützt in der Regel Worte und Sätze, die auf Begriffen und Denkmustern aus der Vergangenheit beruhen. Der Verstand analysiert auf diese Weise Dinge, Lebewesen und Ereignisse. Er „zerlegt" sie in Begriffe, was, wie oben erwähnt, sehr praktisch und nützlich sein kann. Doch er kann so das „Ganze" nicht erfassen. Er verwendet alte, tote Begriffe um das stets neue Leben zu beschreiben. Der Verstand dringt nicht zum „Wirklichen" vor, zu dem was hinter der äußeren Erscheinung „wirkt". Auf diese Weise zerstört er die Tiefe, Lebendigkeit, Schönheit und Liebe allen Lebens.

Unser gewöhnliches Denken ist aus diesem Grunde nur beschränkt fähig, gute Entscheidungen zu treffen. Zudem kann er nicht in die Zukunft schauen. Er kann wohl schlussfolgern, was kommen könnte, doch er ist nicht in der Lage zu erkennen, welche der „hunderttausend" Möglichkeiten, welche theoretisch die Zukunft in sich birgt, tatsächlich eintreten werden.

Dies hat zur Folge, dass Menschen, die nur ihrem Verstand vertrauen, sich gerne um die Zukunft Sorgen machen und im Grunde ihrer Seele sehr verunsichert sind. Menschenkenntnis und Empathie zählen nicht zu ihren Stärken. Sie werden oft von Zweifeln geplagt und haben Schwierigkeiten sich zu entscheiden. Weil sie das „Ganze" nicht sehen, treffen sie häufig eine „unglückliche" Wahl und bereuen diese sodann.

Oft klammern sich solche Menschen an das Gewohnte und scheuen Veränderungen. Aus Unsicherheit und mangelnder Einsicht in das Wesentliche kleben sie gerne an moralischen, gesetzlichen und sonstigen Vorschriften. Sie neigen zu Pedanterie und zeigen oft ein übersteigertes Ordnung- und Sauberkeits-Bedürfnis. Es ist ihnen besonders wichtig einer Gruppe oder Religionsgemeinschaft anzugehören, weil ihnen dies ein Gefühl von Orientierung und Sicherheit vermittelt.

Vorteile der Intuition

Durch die Intuition sind wir mit der Ganzheit, Vollkommenheit, Weisheit und Liebe der geistigen Welt verbunden. Durch unsere Intuition haben wir Zugang zu unserer wahren Wesenheit, zu unserem „Selbst".

Mit unserer Intuition wird es uns ermöglicht, die „B-Welt" mit ihren Erscheinungen besser zu durchschauen, den Sinn unseres Erdenlebens zu erkennen und auf die Herausforderungen des Lebens optimal zu reagieren.

Mit Hilfe der Intuition können wir die Menschen, ihre Absichten, ihre Bedürfnisse und ihren Charakter besser erkennen. Wir sind besser in der Lage, mit anderen zu kommunizieren, auf sie einzugehen und sie selbstlos zu lieben. Ebenso erfassen wir klarer unsere eigenen Bedürfnisse, Talente und unsere Berufung.

Verbunden mit unserer Intuition sind wir fähig, gewissermaßen in die Zukunft zu „schauen" und optimale Entscheidungen zu treffen. Intuition öffnet den Zugang zu Phantasie, Kreativität, Schaffens- und Lebens-Freude.

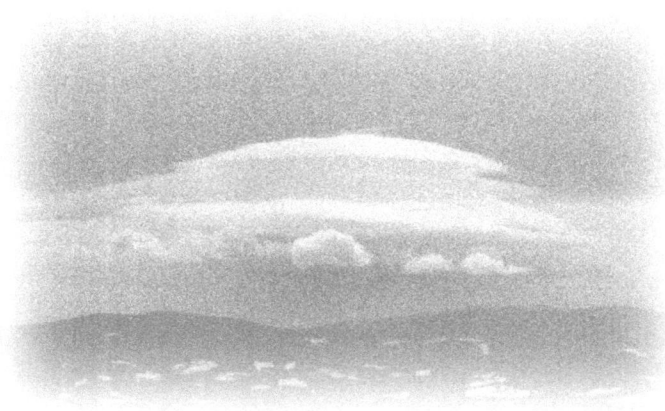

Dein Zugang zur Intuition II

Im vorangegangenen Kapitel wurde das Wesen der Intuition besprochen. Diesmal wird untersucht wie wir unsere Intuition verbessern können. Wir erlangen so einen bewussten Zugang zur „A-Welt" und werden in jeder Situation die angemessenen Entscheidungen treffen können.

Innerlich still werden und „anschauen"

Jeder Mensch kennt gelegentliche „Eingebungen", die aus dem eigenen Inneren kommen. Jeder Mensch kann seine Intuitionsfähigkeit steigern. Die „innere Stimme", wie die Intuition gerne genannt wird, spricht meist leise und wird daher gerne überhört. Zudem ist sie mit Gefühlen verbunden, die oft nicht leicht zu interpretieren sind.

Um unsere innere Stimme gut wahrzunehmen, ist vor allem innere Stille erforderlich. Erst wenn wir in der Lage sind, zumindest in ausgewählten Zeiten, unseren ständig ratternden Gedanken Einhalt zu gebieten, weitet sich das Tor zur höheren Weisheit in uns selbst.

Die beste Übung, um eine gute Verbindung zur „A-Welt" herzustellen und aufrecht zu erhalten, besteht darin, möglichst oft in der „reinen Wahrnehmung" zu verweilen. In diesem Zustand sind wir weder gedanklich noch emotional in unsere Lebensumstände verwickelt. Wir befinden uns dabei in einer neutralen, liebevollen Beobachter-Rolle. Wir verzichten, so gut es geht, auf eine gedankliche Analyse und Bewertung des Wahrgenommenen.

Reine Wahrnehmung

Die „reine Wahrnehmung" entspricht dem Zustand der „Kontemplation" (lat. contemplari – anschauen), der ruhigen, entspannten Betrachtung, wie sie in der christlichen Mystik praktiziert wurde. Im Buddhismus wird „reine Wahrnehmung in der „Vipassana-Meditation" geübt. Wobei das Pali-Wort „Vipassana" mit Klar-Sicht oder Ein-Sicht übersetzt werden kann. Durch die Vipassana-Meditation wird versucht, die Verblendung durch äußere Erscheinungen aufzuheben und Befreiung (Nirvana) zu erlangen.

Die beschriebene „reine Wahrnehmung" können wir in allen Lebenslagen verwirklichen. Sehr rasch werden wir dabei die sich einstellende Beruhigung und Entspannung genießen können. Ängste und Probleme werden sich auflösen, wenn wir lernen, Personen und Ereignisse mit innerem Abstand, ohne Bewertung, ohne Wollen zu beobachten.

Gute Entscheidungen

Wenn Entscheidungen anstehen, werden uns im Zustand der inneren Stille und reinen Wahrnehmung die rechten Gefühle und Gedanken spielerisch vermittelt. Wir können diese „Methode" (Es ist eigentlich keine Methode, sondern der gesunde, natürliche Seelenzustand des Menschen) bei allen anstehenden Entscheidungen – egal ob es sich um eine besonders bedeutende oder alltägliche handelt – anwenden. Das geht dann praktisch so vor sich:

Wir überlegen zum Beispiel am Morgen, welche Arbeiten wir heute erledigen wollen, wie wir an herausfordernde Aufgaben herangehen oder wie wir unsere Freizeit gestalten könnten. Vorerst begeben wir uns in die Stille, wobei wir möglichst den Frieden, den wir im Tiefschlaf genießen durften, aufrecht erhalten. Sodann beobachten wir die Gedanken und Gefühle, die auftauchen, doch wir lassen uns von ihnen nicht wie üblich sogleich mitreißen. Im Gegenteil, wir beobachten unsere Gedanken, wie sie uns verschiedene Entscheidungen präsentieren, ohne gleich darauf zu reagieren. Wir stellen übliche Verhaltens-Muster, die sich aufdrängen wollen, in Frage indem wir sie neutral anschauen und auf uns einwirken lassen.

Anschauen und innehalten

„Anschauen" und zumindest vorerst „Nicht-Reagieren" sind die Zauberworte zur Lösung aller Probleme. Der Begriff Intuition leitet sich von dem lateinischen Wort intueri ab, welches man mit „anschauen, betrachten und erkennen" übersetzen kann. Intuition steht daher, wie der Name ausdrückt, für gelassenes „Anschauen", welches zu „Erkenntnis" führt.

Die Zeiten am Morgen kurz nach dem Aufwachen und am Abend vor dem Einschlafen sind besonders geeignet, um in eine intuitive Seelenstimmung zu gelangen. Es ist die Zeit in der die Seele im Begriff ist, sich wieder mit dem Körper zu verbinden oder diesen zu verlassen. Wenn wir diese Zeit für das „Anschauen" im vorstehenden Sinne nutzen, entsteht eine innige Verbindung mit unserem Wesenskern, mit der Weisheit, Schönheit und Liebe des allumfassenden Seins. In diesem Sinne gestärkt, fällt es uns leicht unsere täglichen Aufgaben zu erfüllen.

Laotse:
Beim Streben nach Wissen
wird täglich etwas hinzugefügt.
Bei der Einübung ins Tao
wird täglich etwas fallen gelassen.

Können wir unseren Eingebungen vertrauen?

Unsere Intuitions-Fähigkeit wird, wie schon oben erwähnt, getrübt durch das ständige Geplapper unserer Gedanken. Diese bewegen sich gewöhnlich in eingefahrenen Bahnen und lassen keine kreativen und situationsgerechten Eingebungen zu.

Das sogenannte „Auto-Denken" (automatisches, nicht reflektiertes Denken) wird insbesondere durch die Einflüsse von Werbung, krankmachende Nachrichten, destruktive Filme, sinnloses Geschwätz verstärkt. Wer sich daher regelmäßig solchen Einflüssen aussetzt, darf sich nicht wundern, wenn sich sein Denken immer mehr von der „A-Welt" entfernt, immer mehr erstarrt, immer ängstlicher und problembelasteter wird und letztlich im Alter zur Erkrankung und Zerstörung des Gehirns führt.

Es bedarf keiner ausführlichen Erklärung, dass Menschen, die sich gehetzt fühlen, die sich im Stress oder in einem Zustand starker Erregung (Zorn, Ärger, Begehren) befinden, kaum einen Zugang zu ihrer „inneren Stimme" finden. Sie haben zwar wie jeder Mensch „Bauchgefühle", doch diese resultieren vorwiegend aus ihrem Mental, ihren Ängsten, ihren Ego-Bedürfnissen.

Um zu unterscheiden, ob ein Gefühl aus der „A-" oder der „B-Welt" stammt, kannst du dich fragen:

- Befinde ich mich in einem ruhigen, gelassenen, heiteren und liebevollen Seelenzustand?
- Sind mein Ego, mein persönlicher Wille, meine Vorlieben, mein Verlangen, meine Lieblings-Phantasien, meine Ängste und Sorgen möglichst ausgeschaltet?
- Kann ich neutral jede Entscheidung, die aus meinem Inneren kommt, wahrnehmen und annehmen?

Je besser diese Bedingungen erfüllt sind, desto mehr kannst du deinen Gefühlen vertrauen. Umgekehrt, wenn die Wünsche, Eitelkeiten und Ängste deines Egos vorherrschen, kannst du ziemlich gewiss sein, dass deine Gefühle nette Spielchen mit dir treiben.

Der Glaube, anderen helfen zu müssen

Es gibt viele Menschen, welche die sogenannten „Bauch-Gefühle", die aus ihrem Ego-Ich stammen, mit Intuition verwechseln. Zu diesen zählen in der Regel auch jene Menschen, die vermeinen mit diversen Engeln, Heiligen oder sonstigen außerirdischen Wesen in Verbindung treten zu können, um von diesen wichtige Botschaften zu empfangen. Sie haben meist gute Absichten, doch sie erkennen nicht, dass ihre Visionen dem eigenen Mind – meist angeregt durch entsprechende Lektüre oder fragwürdige „Lehrmeister" – entspringen.

Charakteristisch für solche Menschen ist in vielen Fällen ein sogenanntes „Helfersyndrom". Sie sind begierig darauf, anderen Menschen zu helfen und ihnen gut gemeinte Ratschläge zu erteilen. Doch es stellt sich häufig heraus, dass diese Menschen nicht einmal mit ihren eigenen Problemen zurechtkommen.

Viele Personen, die sich auf den spirituellen Weg begeben und dort ihre ersten Erfahrungen sammeln, werden von einer großen Begeisterung erfasst und wollen diese mit anderen teilen. Sie glauben anderen mit ihren eben erworbenen Erkenntnissen helfen zu müssen, oder meinen gar die Rettung der gesamten Welt sei ihre Aufgabe.

Hinter diesem Glauben „helfen zu müssen", steckt meist das Bedürfnis, wertvoll für andere sein zu wollen, Anerkennung zu bekommen oder für das eigene Leben einen Sinn zu finden.

Doch wie können wir tatsächlich für andere hilfreich sein? In erster Linie dadurch, dass wir authentisch leben und unsere Erkenntnisse konsequent in unserem eigenen Leben prüfen und umsetzen. Auf diesem Wege verwandelt sich bloß angelerntes Wissen zu Weisheit. Durch gelebtes Wissen gewinnen wir eine natürliche Ausstrahlung und werden so zum Vorbild für andere. Wir wirken auf diese Weise ohne Besserwisserei, ohne den anderen zu belehren oder verändern zu wollen.

Wenn wir einen tieferen Einblick in die Welt gewinnen, so zeigt sich, dass die Welt, so wie sie ist, ohnedies bereits vollkommen ist. Sie benötigt keine Welt-Verbesserer oder Retter. Sie benötigt nur Menschen, die bereit sind, bewusst „ihren" Weg zu gehen.

Beliebte Umwege

Zuletzt soll noch eine beliebte Methode, um die eigene Intuition, den direkten Zugang zur „A-Welt" zu vermeiden, erwähnt werden. Statt still zu werden und in sich hinein zu horchen, besteht sie darin, Tarot-Karten zu befragen oder sie durch eine „Wahrsagerin" befragen zu lassen. Auch das uralte I-Ging oder das Kreisen-Lassen eines Pendels eignen sich dafür, nicht direkt mit der Wahrheit in Verbindung zu treten.

Grundsätzlich ist es für die Seelenentwicklung nicht förderlich, sich unnötig mit der Zukunft zu beschäftigen, statt im „Hier und Jetzt" zu verweilen und auf die Vollkommenheit von allem künftigen Geschehen zu vertrauen.

Doch es gibt viele Wege zum Ziel und alle haben ihre Berechtigung. Aus höherer Warte gesehen hat alles seinen tieferen Sinn und ist alles gut und vollkommen, so wie es ist.

Auch die „Umwege", die wir bei unserem spirituellen Lebensweg gehen dürfen, sind eingebettet in die allumfassende göttliche Vollkommenheit. Sie sind daher weder abzulehnen noch zu befürchten. Zudem sind Umwege in der Regel – wie man so schön sagt – vorzüglich geeignet unsere Ortskenntnis zu erhöhen.

Dein Zugang zur Intuition III

Ego-Probleme – Intuitions-Schwäche

Die Faustregel für die Verlässlichkeit unserer „Intuition" lautet:

> *„Je mehr jemand von seinem Ego bestimmt wird, desto eher wird er durch seine Gefühle in Irrtum geführt. Doch wer selbstlos, liebevoll und gelassen mit vorwiegend „reiner Wahrnehmung" den Situationen des Lebens entgegentritt, wird immer klarer die Stimme der Intuition wahrnehmen und sich von ihr führen lassen.*

Typisch für Menschen mit starkem Ego und schwacher Intuition ist ihre Entscheidungsschwäche, welche sich selbst bei kleinsten Entscheidungen offenbart. Sie suchen nach perfekten Entscheidungen und haben Angst, nicht das Beste für sich zu bekommen. Wenn so jemand eine Hose einkaufen will, möchte er am liebsten alle Hosen im Geschäft ausprobieren. Fieberhaft studiert er dabei hin und her, welche Vor- und Nachteile die einzelnen Stücke haben, und entscheidet sich schließlich nicht zu kaufen, sondern weitere Geschäfte zu besuchen. Hat er schlussendlich eine Hose gekauft, so leidet er unter dem Gedanken, vielleicht doch nicht die schönste, qualitativ beste und zugleich preislich günstigste Hose, die es im ganzen Land gibt, gekauft zu haben.

Entscheidungs-Ängste erschweren dem Betroffenen und seiner Umgebung das Leben. Allerdings können Auswirkungen, die von scheinbar „entscheidungsstarken", doch zugleich „intuitionslosen" Menschen ausgehen, noch erheblich gravierender sein. Dies gilt insbesondere für solche, die als Erzieher, Lehrer, als Führungskräfte in Unternehmen oder in der Politik für das Wohlergehen ihrer Mitmenschen verantwortlich sind.

Wer hingegen seine Aufgaben erfüllt, ohne primär an sich zu denken und seinen intuitiven Gefühlen vertraut, der „weiß" instinktiv welchen Weg er einzuschlagen hat. Er „spürt" was das Richtige für seine Mitmenschen und für ihn selbst ist. Wenn eine Entscheidung ansteht, so fühlt er spontan, was zu tun ist. Hat er seine Wahl getroffen, so vertraut er dem Universum, dass alles gut ist, so wie „ES" sich fügen mag.

Herz und Verstand

Wie schon im letzten Essay-Brief erwähnt, benötigen wir Herz UND Verstand, um mit unseren intuitiven Gefühlen erfolgreich umzugehen. Wir sollten daher sowohl bei den kleinen täglichen Entscheidungen als auch bei wichtigen Weichenstellungen folgende Grundsätze beachten:

1. *Je weniger Ego, desto besser funktioniert die Intuition. Frage dich daher bei einer Entscheidung, ob das, was du anstrebst, aus Ego-Motiven wie Ehrgeiz, Geltungssucht, Besser-Wissen, Anderen-gefallen-Wollen, Menschen-besitzen-Wollen, Macht- oder Geld-Begierde, sonstiges Sucht-Verhalten, aus Gedanken-Mustern, Ängsten, Sorgen, Misstrauen usw. entspringt.*
2. *Bevor wir eine Eingebung abrufen, macht es Sinn, unseren Verstand einzusetzen, um zu klären, was wir eigentlich wissen und erreichen wollen. Nur eine gute Frage führt zu einer guten Antwort.*

> *Die Qualität der Frage bestimmt die Qualität der Antwort. Nebulose Wünsche und Sehnsüchte führen zu vernebelten Wegen.*
3. *Alle Intuitionen kommen aus der Welt der Non-Dualität, der Nicht-Sprache, des Nicht-Denkens. Der Zugang zur non-dualen Welt erfolgt über die Stille aus der die „Eingebungen" meist in der Form von Gefühlen und Ahnungen auftauchen. Diese müssen in duale Gedanken und Worte übersetzt werden, um brauchbare Früchte zu bringen. Dazu benötigen wir einen klaren, nüchternen Verstand.*

Die Lehren der Meister studieren

In der Regel ist eine unbeirrte stetige Auseinandersetzung mit den Lehren spiritueller Meister unerlässlich, um den Zugang zur „A-Welt" und zu dem, was wir wirklich sind, zu öffnen. Auf diesem Weg werden wir schließlich erkennen, wie belanglos und sinnlos die Versuche sind, unsere Lebensbedingungen entsprechend den Wünschen, Vorstellungen, Sorgen und Ängsten unseres Egos zu verändern. Wir werden erkennen, dass diese Anstrengungen gerade das Gegenteil von dem bewirken, was wir beabsichtigen.

Das äußere Leben, (die Welt der Maya) verläuft einerseits entsprechend der weisheitsvollen Lenkung durch das universelle Bewusstsein. Zum anderen offenbart sich im persönlichen Schicksal des Einzelnen (und zum Teil auch des Kollektivs) das Gesetz von Ursache und Wirkung, das sogenannte „Karma-Gesetz". Diese beiden Komponenten können auch so formuliert werden:

a. „Bei Gott ist jedes Haar deines Hauptes gezählt!"
(Luk 12,7)

> b. *Was sich heute in deinem Leben ereignet, ist die Ursache von Bewusstheit oder Unbewusstheit in deinem bisherigen Dasein.*

Wenn daher jemand seine Lebensbedingungen verändern will, so sollte er bei sich, bei seiner Bewusstheit beginnen. Nur „kleine Lehren", welche allerdings meist sehr beliebt sind, geben Anleitungen, was du „TUN" musst um deine Finanzen, deine Beziehungen, dein Glücklich-Sein zu verbessern.

Intuition und Bemühen

Intuition kommt nicht einfach aus dem Blauen. Sie erfordert eine entsprechende Bereitschaft und zuweilen auch ein gewisses Bemühen und Ringen um kreative Lösungen. Das wird jeder produktiv schaffende Mensch bestätigen.

Doch es gilt dabei fein zwischen „Hingabe an eine Aufgabe" oder „etwas erzwingen wollen zu unterscheidnen". Hingabe bedeutet Loslassen vom Ego mit seinen Wünschen und Sorgen. Ernsthafte Arbeit wird diesfalls nicht als Stress und Kampf, sondern als beglückendes „Eins-Sein" mit den Geschenken und Anforderungen des Lebens empfunden. „Neudeutsch" gesagt befinden sich solche Menschen im „Flow". Sie setzen sich intensiv und hingebungsvoll mit ihren Aufgaben auseinander und haben dennoch nicht das Gefühl, sich übermäßig anzustrengen.

Wu Wei

Je mehr sich das Ego auflöst, desto weniger sorge „Ich" mich um eine gute Intuition für „meine" Entscheidungen, für „meine" Erfolge. Da ist einfach niemand mehr, der selbstsüchtig etwas für sich erreichen oder haben will. Verbunden mit dem „Jetzt" lässt der „Befreite" ES geschehen. Er schwingt in Harmonie mit seinem Innersten und seinem Umfeld. Diese Einstellung nennt man im Taoismus „Wu Wei" (siehe meine Schrift „Wu Wei – erfolgreich nichts tun"). Der Weise handelt aus der Stille heraus intuitiv, spontan und mühelos, wie es die Umstände erfordern, ohne dabei das Gefühl zu haben: „Ich" handle. Wenn wir im Einklang mit dem Sein (Tao) sind, so haben wir das Gefühl, „ES" handelt und ich bin nur der Zuschauer – ich bin das beobachtende Bewusstsein, die „reine Wahrnehmung"! Diese Art des Handelns wird in der Bhagavad-Gita als *„Handeln im Nicht-Handeln und Nicht-Handeln im Handeln"* beschrieben (siehe Kapitel III Vers 27 bis 30 und Kapitel IV Vers 14 bis 24).

Dschuang Dsi:

Der Vollkommene hat kein Ich;
der Heilige hat keinen Verdienst;
der Weise hat keinen Namen.

Sich dem Fluss des Lebens hingeben

Für den „normalen", im dualen Denken eingesponnenen Menschen wirkt die Intuition wie eine „Telefonverbindung" zur „A-Welt", zur Welt, aus der alle Weisheit, alle Liebe und alles Glücklich-Sein entspringt. Durch seine Intuition ist der Mensch mit dem allumfassenden Sein, mit dem Tao, mit dem universellen Bewusstsein verbunden. Ist diese Verbindung gestört oder gar unterbunden, so äußert sich dies in Ärger, Depression, Aggressionen, Entscheidungs-Schwäche oder durch Entscheidungen, mit denen der Mensch sich selbst und seiner Umwelt schadet.

Wer schließlich aus dem „Traum des Lebens" - aus der Maya, wie die altindische Weisheitslehre diesen Traum bezeichnet - erwacht, braucht keine „Intuition" mehr. Er erkennt: „Ich bin die Intuition". Er ist mit der transzendenten (A-) Welt nicht nur durch ein „Telefon" verbunden, sondern erkennt sich als diese transzendente Welt, als das individuelle und zugleich universelle Bewusstsein (siehe Kapitel XIII der Bhagavad-Gita).

Für ihn gibt es kein „Unter-Bewusstsein", von dem er gesteuert wird (siehe Essay-Brief „Intuition I."), sondern er IST dieses „Bewusstsein" ohne Unterscheidung in Ober- oder Unter-Bewusstsein. Er beendet die Identifikation mit dem Körper/Mind und erkennt sich als das Leben. Als solcher fühlt er sich nicht mehr als ein vom Universum abgetrenntes Einzelwesen, sondern als vereint mit dem Fluss des Seins.

Der Weise bildet sich nicht ein, „sein" Leben zu leben, sondern betrachtet seinen Körper, seinen Mind, seine Rollen, die er im äußeren Leben spielt, als Spiel des Schicksals, als ein Geschehen innerhalb des allumfassenden Geschehens der diesseitigen und jenseitigen Welt. Er selbst ist das Bewusstsein, die „Kino-Leinwand", auf der die Bilder des Lebens erscheinen. Er ist jedoch zugleich derjenige, der - je nach seiner Programmierung und seinem Schicksal - den „Film seines Lebens" gestaltet. Und nicht zuletzt sollte er sich seiner Rolle als der „Zuschauer" bewusst sein, der den Film mit liebevollem Interesse betrachten kann und sich dabei der „Unwirklichkeit" dieses „Kino-Films" bewusst ist.

Wir sind also, um dieses Gleichnis zusammen zu fassen, jeder Mensch für sich zugleich die Kino-Leinwand, der Film, der hoffentlich „bewusste" Zuschauer und das ganze Kino.

Laotse:

Die eins mit dem Tao sind,
können gefahrlos gehen, wohin sie wollen.
Selbst mitten in großem Leid
nehmen sie den allumfassenden Einklang wahr,
weil sie Frieden in ihrem Herzen gefunden haben.

Allein-Sein und All-eins-Sein

Leben ohne Angst und Einsamkeit

„Luise", eine Leserin meiner Essaybriefe, hat mich gefragt ob ich bereit sei, einen Brief zum Thema „Einsamkeit und Alleinsein" zu gestalten. Sie schrieb mir dazu ein anregendes Mail, welches ich hier unverändert wieder-gebe:

„Ich interessiere mich deshalb für das Thema Einsamkeit/Alleinsein, weil es mich in den letzten Monaten sehr beschäftigt hat und viele Ängste in mir aufkommen ließ. Bedingt durch meine chronische Krankheit habe ich schon immer ziemlich zurückgezogen gelebt und hatte/habe nur wenig soziale Kontakte, auch keinen Partner oder Kinder.

Eigentlich kann ich sehr gut alleine sein und brauche auch viel Zeit für mich, um z.B. meine Kreativität leben zu können. Ich bin sicherlich das, was man eher eine Einzelgängerin nennen würde. Dennoch fühle ich mich in letzter Zeit zunehmend einsam und verlassen, habe auch Angst vor totaler Einsamkeit in der Zukunft. Habe Angst davor, dass ich niemanden habe, der mich unterstützt und für mich da ist, dem ich vertrauen kann, etc. Ich glaube, dass mir auch der Austausch mit Gleichgesinnten fehlt. Allerdings: Sicher bin ich nicht, was sich tatsächlich hinter diesem Gefühl der „Einsamkeit" verbirgt.

Mir ist es schon immer schwer gefallen, Kontakt zu anderen Menschen aufzubauen. Seit vielen Jahren grüble ich, warum das so ist. Ich denke, es hat damit zu tun, dass ich mich immer verstellt, versteckt und geschämt habe, niemals wirklich ich selbst gewesen bin.

Was mir wichtig ist: Ich würde gerne lernen, ohne Angst vor Einsamkeit leben zu können - ohne andere Menschen für mein Glück zu „brauchen", ohne mich von der Zuneigung und dem Interesse anderer abhängig zu machen. Mit mir selbst in Harmonie zu leben, mich auf mich selbst verlassen zu können. Einfach ich sein zu dürfen, so wie ich bin. Macht das Sinn?"

Das Ego ist immer einsam und verlassen

Es gibt kaum einen Menschen der sich nicht gelegentlich allein, verlassen, verletzt oder unverstanden fühlt. Auch Menschen, die in eine Familie eingebunden sind, die beruflich oder privat mit vielen Leuten in Kontakt stehen, fühlen sich einsam, weil sie erfahren müssen, wie jeder in seiner eigenen Gefühls- und Gedanken-Welt lebt und wie schwer es ist, diese Schranken zu überwinden.

Die Lebenssituation von Luise zeigt, dass sie sich für ihr jetziges Leben ein besonderes „Lern-Programm" ausgesucht hat. Allerdings wie sie ihre Schwierigkeiten, ihre Ängste und auch ihre daraus gewonnenen Einsichten beschreibt, zeigt, dass sie auf dem Weg zur Selbsterkenntnis und Selbstbefreiung bereits ziemlich weit fortgeschritten ist.

Die meisten Menschen empfinden ihr Leben als schwierig, kompliziert, voller Gefahren und Unsicherheiten. Oft leben sie in der Illusion, dass es ihnen besser gehen würde, wenn sie einen idealen Partner, ein harmonisches Familienleben, einen kompetenteren Chef, genügend Geldmittel und mehr Freizeit hätten. Oft besteht ihr Leben vorwiegend aus der

Suche nach besseren Lebensumständen oder sie haben resigniert und sich mit der scheinbaren Bedeutungslosigkeit und Unvollkommenheit ihres Daseins abgefunden.

Die meisten Menschen sind sich ihres Seelenzustandes nicht bewusst. Tunlich vermeiden sie es, in sich selbst hinein zu schauen. Sie meiden die innere Stille, die dazu erforderlich ist, und fürchten sich unbewusst vor ihrer Selbstbegegnung.

Jeder entwickelt seine eigene Strategie um mit seinen Ängsten, seinen Sorgen, seinen noch aktiven oder schon zerstörten Illusionen zurecht zu kommen. Sehr beliebt sind rastloses Werken, da und dort hinzureisen, zu viel zu essen und zu trinken, Konsum-Beschäftigung, das Anschauen von Zeitschriften und Filmen, Computer-Spiele oder Zusammen-Sitzen und das Führen von sinnlosen Gesprächen...

Erkenne, wer du bist, und alle Probleme lösen sich

Die Antwort auf die Frage, wie wir uns von Einsamkeit, von dem Gefühl des Allein-Seins befreien können, finden wir in der Erkenntnis, wer wir wirklich sind und welchen Sinn unser Erden-Daseins hat. Wer sich selbst nicht kennt, wird sich selbst in mitten vieler Menschen, egal ob er sie liebt oder nicht, unter der Oberfläche seines äußeren Gehabens einsam fühlen.

Um eine Orientierung zu bekommen, sollten wir uns vorerst fragen: Wer in meinem Bewusstsein fühlt sich einsam, verlassen, unverstanden, unsicher, schuldig oder minderwertig? Es ist unser „kleines Ich", unser Ego. Dieses Ich ist ein Phantasie-Gebilde. Es existiert nicht wirklich. Es setzt sich aus einem Bündel von Gedanken, Erinnerungen, Verhaltensmustern und Gefühlen zusammen, mit denen sich unsere Seele identifiziert. Das „Ego-Ich" besteht aus Erinnerungen an unsere Vergangenheit, was wir damals gedacht, geglaubt, gewünscht haben, was wir tatsächlich oder vermeintlich erlitten oder erreicht haben. Es besteht aus den Hoffnungen, Wünschen und Ängsten unsere Zukunft betreffend.

Seinen Ursprung hat dieses Ego in der Identifikation mit dem vergänglichen Körper, der uns nur als vorübergehende Wohnstätte für unser Erdenleben zur Verfügung gestellt wird. Daran knüpft sich die Identifikation mit all dem, was wir gedanklich und gefühlsmäßig erlebt haben und gegenwärtig erfahren.

Was wir denken und fühlen ist vorwiegend durch unser Karma, unsere Erziehung, unsere Lebensumstände, unsere Gesellschaft und Kultur bestimmt. Was wir gewöhnlich denken und fühlen, sind wir nicht! Wie das Beispiel von Luise zeigt, kreisen unsere Gedanken um Wünsche und Sorgen, um die eigenen Schwächen und die Schwächen der anderen, um Vergangenheit und Zukunft. Die Gedanken kreisen um den Lebenspartner, um die Familie, um die Freunde. Sie kreisen darum, ob wir anerkannt und geliebt werden. Unser Ego identifiziert sich mit Menschen und hängt an Menschen. Es meint, dass sein Glück von äußeren Umständen, insbesondere vom Verhalten der anderen bestimmt wird.

Sorgen oder Vollkommenheit

Luise macht sich Sorgen um die Zukunft, wer sie unterstützen und für sie da sein wird. Die Antwort darauf ist ganz einfach: „Es ist das Sein, welches uns unterstützen und für uns da sein wird!" Vertraue dieser Kraft, die uns ins Leben gerufen hat, die alles Leben und auch dein Leben ermöglicht. Ängste und Sorgen widersetzen sich dieser Kraft und schaffen in uns und um uns die Illusion von Problemen.

In Wirklichkeit ist in dieser Welt und außerhalb dieser Welt alles göttlich und vollkommen. In Wirklichkeit gibt es kein Allein-Sein und keine Einsamkeit. In Wirklichkeit ist alles

Eins, ist alles mit allem verbunden. Nur unser kurz-sichtiges Ego sieht Trennung, fühlt sich allein und verlassen, sorgt sich um die Zukunft, leidet unter der Vergangenheit, fürchtet sich vor dem Alt-Werden und vor dem Tod.

Sich-allein-Fühlen „schafft" die Einsamkeit! Sich-„alleins"-Fühlen verbindet uns mit unserem Selbst und so mit allem Sein! Denn wir sind das Sein, das Tao, Brahman, Gott, Allah, Jahwe, - das universale Bewusstsein.

Diese „All-Einheit" wird für uns allerdings nur dann zu einer beglückenden Realität, wenn wir davon ablassen, nur nach außen auf die vergänglichen, dualen Erscheinungen, auf das Spiel der Maya zu schauen. Geh in die Stille, beende dein rastloses Denken, vergiss die Vergangenheit und Zukunft. Werde zur „reinen Wahrnehmung"! Beobachte neutral und gelassen, was jetzt in dir und um dich vor sich geht. Unterlass die ständigen Bewertungen von dem was ist. Vertraue dem Schicksal – es macht keine Fehler! Die Fehler kommen nur von deinen vom Sein getrennten Gedanken.

Das Geschenk allein zu sein

Luise schreibt, dass sie: *„eigentlich ganz gut allein sein kann"* und *„viel Zeit für sich"* benötigt.

Allein sein zu dürfen, Zeit für sich zu haben, ist ein riesiges Geschenk, besonderes in der heutigen Kultur, in der immer mehr Menschen auf beschränktem Raum zusammen leben, in einer Zeit, wo wir ständig durch diverse Kommunikationsmittel mit anderen verbunden sind und fortlaufend irgendwelchen Medien ausgesetzt sind. Für dieses Geschenk solltest du dir möglichst viel Raum schaffen! Nur im Allein-Sein können wir zu uns selbst, zu unserem göttlichen Seelengrund gelangen. Doch die meisten Menschen vermeiden tunlichst allein zu sein. Sie streben nach ständiger Ablenkung durch andere Menschen, durch Radio und Fernsehen oder irgendwelche „spannenden" Aktivitäten.

Wer wirklich allein sein kann, ist nicht gefährdet den Kontakt zu Menschen zu verlieren, ein Eigenbrötler zu werden und sich „einsam und verlassen" zu fühlen. Für ihn wird „Allein-heit" zu „All- Einheit". Beachte es ist dasselbe Wort für zwei konträre Inhalte! So nahe liegen Glück und Verzweiflung beieinander.

Mit sich eins sein

Kontaktarmut kann tatsächlich durch mangelndes Selbst-Vertrauen und Vertrauen in das Sein entstehen. So wie Luise schreibt, dass sie sich „immer verstellt, versteckt und geschämt" hat und „niemals wirklich sie selbst gewesen" sei .

Wer hingegen mit der Stille, mit dem Allein-Sein (Alleins-Sein) umzugehen weiß, es schätzen und genießen kann, der gelangt zu sich selbst. Er gelangt zu seinem vollkommenen, allumfassenden, ewigen Wesenskern. Damit endet jede Tendenz, sich klein oder groß zu machen, sich zu verstellen, sich zu verurteilen oder sich zu verstecken. Wer sich findet, ist mit allem Sein, mit allen Menschen liebevoll verbunden. Ganz natürlich, ohne Sorge, wie andere über ihn denken, wird er anderen Menschen begegnen. Allerdings wird er sorgfältig auswählen, mit welchen Menschen er sich näher verbindet, in welcher Gesellschaft er sich aufhält. Und so wird er automatisch nur mit einem relativ kleinen Kreis von Menschen befreundet sein.

Angst vor der Zukunft

In die Stille zu gehen und nichts zu tun, ist das Allheilmittel, um alle Sorgen und Probleme zu beenden. Wir benötigen diese Stille besonders dann, wenn wir uns wegen anstehender Aufgaben gestresst, unter Druck oder überfordert fühlen.

Statt hektisch zu werden, geh vorerst in die Stille! Aus dem Nicht-Denken heraus erkennen wir den Wahn unserer Ängste und Sorgen. Wir erkennen, was wirklich notwendig ist, zu tun, und was wir uns nur einbilden, tun zu „müssen". Und plötzlich fällt es uns ganz leicht, zu tun, was zu tun ist, und zu lassen, was nicht zu tun ist. Wie von selbst geht uns alles von der Hand, wenn wir loslassen und geschehen lassen, wenn wir uns dem weisheitsvollen Strom des Seins übergeben.

Wer total gegenwärtig lebt und sich um die Zukunft keine Sorgen macht, der vernachlässigt nicht seine Pflichten. Er wird nicht weltfremd. Eine unsichtbare Kraft führt ihn durchs Leben. Er wagt es auch ihm unbekannte Wege zu gehen. Eine innere Stimme, die aus der Dimension des „Nicht-Denkens" kommt, sagt ihm was jeweils zu tun ist. Damit lösen sich alle Sorgen von Luise auf, *„dass ich niemanden habe, der mich unterstützt und für mich da ist, dem ich vertrauen kann."* Denn jetzt unterstützt sie sich selbst und ist selbst für sich da, weil sie gelernt hat ihrer inneren Stimme zu folgen.

Werde zum „Nicht-Ich"!

Lerne deine Gedanken und Gefühle ständig zu beobachten, so werden sie nach und nach die Gewalt über dich verlieren und du wirst das leben, was du bist: „reines, göttliches Bewusstsein – Weisheit, Liebe und Glückseligkeit – alleins mit allem Sein."

Auf diese Weise wird sich dein Ego-Ich, die Ursache all deiner Sorgen und Probleme, auflösen. Werde zum „Nicht-Ich", zu dem was du wirklich bist. Identifiziere dich nicht mit deinem Körper, deinen Gedanken, deiner Vergangenheit, deinen Sorgen und Ängsten.

> *Ein „Nicht-Selbst" zu sein, bedeutet nicht, dass man ausgelöscht wäre oder nicht existiere. Es heißt weder egozentrisch zu leben, noch auf die anderen zentriert zu sein, sondern einfach Zentriert-sein.*
>
> Charlotte Joko Beck – Zen-Meisterin

Werde zum gelassenen Beobachter und du wirst die Seligkeit des All-Eins-Seins erfahren. Werde zum „Nicht-Ich". Werde zur transparenten „weißen Wolke", die sich heiter und gelassen von den Winden über alle erfreulichen und unerfreulichen Ereignissen tragen lässt.

> *„Werde zum Licht, das aus sich selber leuchtet!"*
>
> Gautama Buddha

Erfüllte Beziehungen I.

Zwischen-menschliche Beziehungen

Leben bedeutet In-Beziehung-Sein, zu sich selbst, zum Partner, zur Familie, zu Freunden, zu Menschen im Arbeitsbereich, zur Natur, zu unserer Nahrung, zur Mutter Erde, zum ganzen Universum. Unser Lebensglück ist maßgeblich von der Qualität dieser Beziehungen beeinflusst. Wie glücklich fühlen wir uns in harmonischen, weitherzigen, uns gegenseitig bereichernden Beziehungen und wie sehr leiden Menschen unter gegenseitiger Abneigung, unter Streit, Missverständnissen und Trennung.

Vorweg sei verraten: Das höchste Glück ergibt sich aus der Verwirklichung der Beziehung zu unserem „Selbst". Sind wir EINS mit uns selbst, so leben wir - ohne etwas extra dazu tun zu müssen – in harmonischer Beziehung zu allen Wesen.

Liebesgeschichten und Heiratssachen

In den Sommermonaten gibt es in Österreich seit einigen Jahren jeden Montag-Abend im Fernsehen eine sehr beliebte Sendung mit dem Titel „Liebesgeschichten und Heiratssachen". In dieser Serie präsentieren sich „wirkliche" (also keine Schauspieler) Frauen und Männer, hetero- und homo-sexuelle, die einen Partner suchen. Nach der Sendung besteht für interessierte Zuschauer die Möglichkeit, sich als Freund/in oder Lebensgefährte/in schriftlich bei den gezeigten Personen zu bewerben.

Die Moderatorin Elisabeth Spira versteht es mit klugen und einfühlsamen Fragen ihre Kandidaten zu präsentieren und nötigenfalls aus der Reserve zu locken. Die mit geschickter Regie gezeigten Film-Szenen erlauben dem Zuschauer einen recht guten Einblick in das Denken und Fühlen, in die Illusionen, Projektionen, Egoismen und Erwartungen der Menschen in Bezug auf „Beziehungen".

Manche Szenen, die das äußere und innere Leben der Kandidaten aufzeigen, haben einen skurril-tragisch-komischen Charakter. Sie regen zugleich zum Weinen, Lachen und Nachdenken an.

Nachstehend werden einige charakteristische Aussagen einer „Partner-Suchenden" wieder gegeben:

Ingrid 49 J. - war 18 Jahre verheiratet - hatte nach ihrer Scheidung eine 2 ½ Jahre dauernde Beziehung:

„Er wäre meine große Liebe gewesen. Doch dieser Mann hat sich so entwickelt, wie man es sich nicht vorstellen kann. Er hat meine Familie nicht akzeptiert, sondern war auf sie eifersüchtig. Ich durfte mit meiner Familie nicht telefonieren, sollte am Wochenende mein Handy abschalten.

Er hat mich eingeengt und kontrolliert, aber ich brauche meine Freiheit. Er wollte mich besitzen und beherrschen.

Mein künftiger Mann sollte mit beiden Beinen im Leben stehen. Er sollte sich freuen, wie ich, dass er einen Menschen findet, der für ihn da ist.

Ich möchte mich anlehnen können.

Seine Haarfarbe ist mir egal. Hauptsache ist, er hat Haare. Ich wuschle gerne darin herum. Ein Bartträger ist ein absolutes „No Go"!

Ich bin eine intelligente Person und brauche einen Partner auf Augenhöhe, einen Mann, der was ist und nicht einen »Ja-Sager«."

Wir werden später (in den folgenden Kapiteln) ausführlicher auf diese und einige andere Aussagen der „Beziehungs-Kandidaten" eingehen.

Spielregeln der Liebe

Die Schwächen unserer Beziehungs-Fähigkeit zeigen sich besonders in Paar-Beziehungen.

Unzählige mehr oder minder wissenschaftliche Literatur und populäre Rat-geber sind zu diesem Thema erhältlich. In diesem Kapitel beziehe ich mich auf das Buch des namhaften „Paar-Therapeuten" Dr. Hans Jellouschek „Wie Partnerschaft gelingt – Spielregeln der Liebe" – Herder-Verlag. Ich erwähne dieses Buch nicht weil es in meinen Augen besonders gut oder schlecht ist, sondern weil es die Denkweise des heutigen „egozentrierten" Menschen vorzüglich zum Ausdruck bringt.

Schwierigkeiten in Paarbeziehungen sieht der Autor in folgenden Bereichen:

- unausgeglichene Bilanz von Geben und Nehmen
- einseitige Machtausübung
- Schuldzuweisung – gegenseitige Verletzungen
- fehlgeleitete Aggressionen
- Unzufriedenheit der Frau
- Wünsche und Erwartungen gegenüber dem anderen
- Autonomie und Bindung
- Untreue und Eifersucht

Für Jellouschek ist Liebe ein *„Entwicklungsprozess"*. Sie sei kein *„Ereignis"*, das einmal da und ein anders mal wieder weg ist. *„Was uns in der Phase der Verliebtheit quasi ohne unser Zutun geschenkt wird, das kann auf Dauer nur Wirklichkeit bleiben, wenn wir es uns – jeder für sich und gemeinsam – »erarbeiten«".*

Es sei wichtig, dass in einer Beziehung beide Partner auf eine ausgeglichene Bilanz zwischen Geben und Nehmen achten. Denn: *„Sobald einer der beiden über längere Zeit das Gefühl hat, er gibt nur noch und bekommt nichts, wird er sich ausgebeutet fühlen. Und sobald einer über längere Zeit das Gefühl hat, er bekommt nur noch und gibt nichts mehr, wird er sich immer schlechter und schuldiger fühlen."*

Nach Jellouschek werden Krisen in Beziehungen oft deshalb ausgelöst, weil es nicht einfach sei, *„einen Ausgleich zwischen Autonomie und Bindung zu finden"*. Wir sollten uns fragen: *Wie sieht in unserer Beziehung die Bilanz hinsichtlich der Balance von Autonomie und Bindung aus? Haben beide genügend eigenen Spielraum, genügend Nähe und Bindung?*

Ebenso solle man darauf achten, dass beim Zusammenleben eine entsprechende *„Ebenbürtigkeit"* bei der Machtausübung statt-finde. Dies gelte insbesondere für den Umgang mit den *„Macht-Ressourcen"* Geld, Beruf, Information und Zugang zu den Kindern...

Wichtig sei es auch sich zu fragen: *„Was tue ich – was tust du, um die gemeinsame Beziehung bewusst zu gestalten? Gibt es hier ein Gleichgewicht? Tun beide gleich viel?"*

Ego-Kompromisse

Vordergründig erscheinen die Ausführungen des Herrn Jellouschek sehr vernünftig und logisch. Sein Beziehungs-Buch liest sich wie ein Ratgeber mit dem Inhalt: „Wie schaffe ich einen Kompromiss zwischen meinen Ego-Interessen und den Ego-Interessen meines Partners?"

In seinem Buch empfiehlt er ständig darauf zu achten, dass sich unsere eigenen Ego-Interessen in einer Balance mit den widerstreitenden des Partners befinden. Fortlaufend gilt es zu prüfen, dass keiner der Partner benachteiligt oder gar bevorzugt wird.

Sieht so die „Liebe" aus, die sich die beiden Partner in einer Beziehung „erarbeiten" müssen? Entsteht Liebe aus einer gerechten Durchsetzung der wechselseitigen Ego-Interessen?

Passend dazu schreibt Jellouschek im Kapitel „*Gut miteinander verhandeln*": „*... (Es) stoßen heute die individuellen Interessen der Partner unvergleichlich härter aufeinander. Es gilt immer wieder Kompromisse (ein bisschen deins – ein bisschen meins) zu schließen...*" Bei diesen Zeilen entsteht fürwahr der Eindruck dass es sich bei Partnerliebe in erster Linie um eine geschäftliche Angelegenheit handelt.

Der Therapeut erklärt dazu: „*Gemeinsame Stress-Bewältigung braucht aber vor allem die Fähigkeit miteinander zu verhandeln. Dann bleibt auch Raum dafür, dass die romantischen Gefühle wieder aufleben können.*" Na dann, viel Spaß beim Verhandeln und der sich daraus ergebenden Romantik!

Dass in einer Beziehung gegenseitige Aggressionen ins Spiel kommen, ist für Jellouschek ganz natürlich. Nach seiner Ansicht braucht Partnerliebe „*immer wieder auch einen guten Schuss Aggression, damit sie lebendig bleiben kann*"! *Gegenseitige Aggression sei „mindestens eine Voraussetzung jeder Liebe"*!

Bei solchen Worten ist man verleitet auszurufen: „Ach wie schön muss Liebe sein!"

Viele Psycho- bzw. Paar-Therapeuten beschäftigen sich vorwiegend mit der Frage: „Wie kann das „Ego" des Patienten in einer Beziehung seine Interessen optimal durchsetzen ohne dabei allzu sehr in Schwierigkeiten mit dem „Ego" des andern zu kommen?" Sie suchen nach „Spielregeln" um irgend-wie die unvermeidlichen Konflikte der gegenseitigen Ego-Interessen in den Griff zu bekommen. Auf die Empfehlung einfach das eigene Ego aufzugeben, wunschlos zufrieden und glücklich zu sein, wie dies alle großen Weisheitslehren empfehlen, kommen sie nicht.

Das Zauberwort – „Erkenne dich selbst, so erkennst du die Welt!"

Wer harmonische, erfüllende Beziehungen zu seinen Mitmenschen verwirklichen will, muss vorerst den kennen lernen, der diese Verbindungen anstrebt. Mangelnde Kenntnis davon, wer wir sind und wie unser „ICH" funktioniert, ist die Ursache aller Beziehungsprobleme. Der „normale" Mensch bildet sich ein zu wissen wer er ist, wie der andere ist und wie die Welt ist. In Wirklichkeit ist er in ein Netz von Gedanken über sich und seine Umwelt verstrickt.

Wie jeder rasch feststellen kann, wenn er versucht innerlich still zu sein, ist der Mensch im „Normal-Zustand" einer ständig wirkenden Gedankenflut ausgesetzt. Wir denken nicht, sondern werden gedacht. Unser Denken geschieht automatisch. Man kann es deshalb als „Auto-Denken" bezeichnen. Der unbewusste, „unerwachte" Mensch ist ein Sklave von Gedanken, die auf ihn einwirken. Diese Gedanken erzählen ihm, wer er ist und wer die anderen Menschen sind und wie die Welt funktioniert. Und in der Regel sind diese Gedanken grundsätzlich falsch. Diese Gedanken entspringen Denk-Schablonen, welche die Menschen durch Jahrtausende hindurch entwickelt haben. Diese sind bereits in unseren Genen verankert und werden uns immer wieder aufs Neue anerzogen. Sie resultieren daraus, dass der gewöhnliche Mensch sich nur der vergänglichen Erscheinungen, nicht aber der unvergänglichen Wirklichkeit, von der diese Phänomene bestimmt werden, bewusst ist.

Auto-Denken, die Ursache aller Beziehungs-Probleme

So seltsam, fremd und verrückt es für jene klingen mag, die stolz auf ihre Denkleistungen sind und die all das glauben, was ihnen ihr Denken erzählt, es ist unser gewohntes, automatisches Denken, welches unsere Beziehungen belastet und uns unglücklich macht. Es verhindert natürliche, liebevolle Beziehungen, frei von Stress und Problemen.

Ob gut oder böse, verliebt oder gekränkt, was wir „über" den anderen denken, trennt uns von ihm. Durch unsere Gedanken leben wir in getrennten Welten. Wir werden darauf noch näher eingehen.

Wer wir sind und wer der andere ist, mit dem wir in Beziehung stehen, erschließt sich erst im „Nicht-Auto-Denken" oder einfacher gesagt, im „Nicht-Denken" in der Stille. Die „Rishis" (alt-indischen) Weisheitslehrer nannten dieses Nicht-Denken „Yoga". Dieses Yoga hat allerdings wenig bis gar nichts gemein mit dem in Mode gekommenen Hatha-Yoga, wie es im Westen praktiziert wird. Yoga im Sinne der altindischen Weisheitslehren bedeutet die Verbindung mit unserem Wesenskern, welcher identisch mit der allumfassenden Gottheit (Brahman) ist.

Liebe kann man nicht machen, sondern nur sein

Liebe kann man nicht „erarbeiten". Liebe ist kein „Entwicklungsprozess". Liebe braucht keine „Spielregeln". Liebe kann man nur sein! Je mehr ich versuche, Liebe zu machen, lieb zu sein, - obwohl mir oft nicht danach zu Mute ist - desto weniger kann sich wahre Liebe entfalten.

Ich zitiere aus meinem Buch „Das Kleinod des Shankara":

> *Viele glauben Liebe sei eine Mangelware. Sie sehnen sich nach Liebe und meinen, um Liebe zu erlangen sich sehr anstrengen zu müssen. Sie denken, dass die*

> *„große Liebe" ein besonderer Glücksfall, so ähnlich wie ein Hauptgewinn im Lotto, sei.*
> *In Wirklichkeit besteht das ganze sichtbare und unsichtbare Universum nur aus Liebe. Auch wenn es scheinbar anders aussieht: Du bist Liebe, alles ist Liebe. Wir können der Liebe gar nicht entkommen. Man kann das nicht beweisen, doch es bedarf keines Beweises, denn es ist augenscheinlich. Oder kann jemand daran zweifeln, dass unsere wunderbare, unfassbar schöne Welt, die Berge und Täler, die Blumen und Bäume, die Bäche, Flüsse, Seen und Meere, die Wolken, Winde und Jahreszeiten, die Tiere und Menschen aus unendlicher Weisheit, Schönheit und Liebe geboren wurden? Wie kann in dieser Welt etwas nicht Liebe sein? Nur der verirrte Mind (Denken, Fühlen, Wollen) schafft Dunkelheit. Diese hat aber keine Realität. Dunkelheit löst sich auf im Licht der Erkenntnis.*

Wir können Liebe nicht „machen". „Gemachte" oder „erarbeitete" Liebe ist weder möglich noch erforderlich. Wir sollten uns nur für das Sein, für unser Sein – welches mit dem universellen Sein identisch ist – öffnen. Dazu ist es vorerst erforderlich, unsere Ausgangs-Situation, unser Ego-Denken mit seinen Mustern zu durchschauen. Denn Beziehungs-Probleme sind stets Ego-Probleme.

Erfüllte Beziehungen II.

Die Ego-Geschichten beenden

Wie im letzten Essaybrief ausgeführt, kann man Liebe nicht „machen", sondern nur „sein". Um Liebe zu sein, müssen unsere Gedanken, die ständig mit unseren Ego-Geschichten beschäftigt sind, zur Ruhe kommen. Wenn wir nichts mehr von unserem Partner, von Mitmenschen erwarten, wenn wir uns keine Gedanken machen wie wir sie lieben sollen, wie wir uns verhalten sollen um glückliche Beziehungen zu haben, wenn wir das Denken an Vergangenes und Zukünftiges beenden, erst dann öffnet sich der Raum für die Glückseligkeit und Liebe, die wir in unserem Seelengrunde sind. Diese Liebe ist

- keine „selektive" Liebe, die nur diejenigen liebt, die lieb zu uns sind, die uns Gutes tun, die unseren Ego-Wünschen entsprechen;
- keine Liebe, in der wir uns mit der geliebten Person identifizieren als „mein" Kind, „meine" Mutter, „mein" Geliebter... Diese Abhängigkeit schafft Leiden. Je mehr wir von dieser Art des Besitz-Denkens loslassen, desto weniger hängen wir an Menschen und (ge-)brauchen sie. Das heißt jedoch nicht, dass wir sie nicht mehr lieben. Im Gegenteil entfaltet sich freie, vom Herzen kommende Liebe erst dann, wenn wir den anderen so annehmen wie er ist, weil wir in unserem Glücklichsein nicht mehr von ihm abhängig sind.

Ohne Abhängigkeit werden wir uns nicht mehr verbiegen und verleugnen,

- um anderen zu gefallen und um von ihnen geliebt zu werden;
- um Lob und Anerkennung oder sonstige Vorteile zu erlangen;
- weil wir von schlechtem Gewissen und falschem Mitleid getrieben sind;
- um vor anderen gut da-zustehen;
- um die Ego-Wünsche anderer Personen zu erfüllen;
- um nicht allein zu sein.

Aus der Stille des Herzens heraus werden wir spontan, ohne viel nachzudenken, das tun und lassen was unserem innersten Wesen entspricht.

Die Suche nach dem Traumpartner

Beziehungs-Probleme sind wie alle Probleme vom Ego produzierte Probleme. Das zeigt sich besonders bei der Suche nach dem „Traumpartner" wie dies in der TV-Serie „Liebes-Geschichten und Heirats-Sachen" gut zu beobachten ist.

Unser Ego entsteht, wenn wir nicht im „Hier und Jetzt" verweilen. Es vergeht, wenn wir einfach an nichts denken bzw. es nur zulassen, wenn es wirklich nützlich ist.

Das Ego ernährt sich von Wünschen und Erwartungen betreffend die Zukunft. Das Ego ist mit Gedanken darüber beschäftigt, was war, was wir erlitten haben, wie ungerecht wir behandelt wurden, was schief gelaufen ist, was wir geliebt haben, wovon wir aber jetzt getrennt sind. Daraus entstehen Ängste und Sorgen, Verletztheit und Verlust-Schmerz, Selbstbedauern und Verzweiflung, Groll und Wut, Eifersucht, Leiden, Depressionen und so fort ...

Ingrid 49 J. (siehe letzes Kapitel) bildet sich vorerst ein ihren Traumpartner gefunden zu haben: „Er wäre meine große Liebe gewesen..." Sie glaubt, dass sich ihr Geliebter erst im Laufe der Beziehung dramatisch verändert hat. In Wirklichkeit haben sich ihre Projektionen aus ihrer Phase der Verliebtheit aufgelöst und sind anderen Beurteilungen gewichen.

Ihre Erwartungen betreffend den Traumpartner haben wir im letzten Kapitel beschrieben.

Das Ingrid-Ego besteht (wie alle Egos) vorwiegend aus „Ich will..." und „Ich will nicht...".

Unser Ego-Denken

Das Ego-Denken ist vorwiegend beschäftigt mit der Frage: „Was ist das Beste für mich? Wie kann ich es einrichten, dass ich es schön habe? Wie kann ich das vermeiden, was mir nicht gefällt?"

Das Ego-Denken lehnt sich gegen das auf, was ist. Es liebt nicht das Leben, so wie es uns begegnet. Es lebt nicht in der Einheit mit dem Sein, sondern in der selbst geschaffenen Trennung. Es beurteilt und verurteilt sich, andere und die Welt anstatt einfach hier und jetzt glücklich zu sein.

Das Ego-Ich kann sich ein grundloses Glücklich-Sein gar nicht vorstellen. Denn es geht davon aus, dass nur äußere Umstände sein Glück ermöglichen. Es denkt: „Ich werde glücklich sein, wenn..."

Doch das Glücklich-Sein kommt nicht von außen. Es ist grundsätzlich nur in dir. Äußeres Glück ist nur eine unzureichende und rasch vorübergehende Reflektion der Seligkeit in dir!

Könnte unser Denken nur das duale Bewerten und Wünschen beenden und in die beglückende Stille des Seins eintauchen, so wäre es von allen Übeln und Sorgen befreit.

> *6:18 Wenn der Geist frei ist von Verlangen und zwanghaften Gedanken, vermag er fest im Selbst zu ruhen.*
> *6:19 Ruhig und friedvoll, wie ein Licht an einem windstillen Ort, so verweilt ein Yogi, der seinen Geist beherrscht, in der Verbindung mit dem höchsten Selbst.*
>
> Bhagavad-Gita

Alle Menschen wollen glücklich sein

Alle Menschen wollen glücklich sein. Der Wunsch nach Glückseligkeit entspricht unserer Sehnsucht mit uns selbst und letztlich mit aller Welt EINS zu sein. Denn in unserem Seelengrund sind wir nichts anderes als Verbundenheit, Bewusstsein und Glückseligkeit. Die altindischen Weisheitslehren umschreiben deshalb unseren Seelengrund mit „Sein, Bewusst-Sein und Glückseligkeit" (Sanskrit: „Sat, Chit, Ananda").

Die Suche nach dem Glück verhindert das Bewusstsein von der Glückseligkeit des Seins. Im Suchen, Wünschen und Wollen entfernt sich der Mensch von der Glückseligkeit und der Liebe, die er bereits ist.

Typisch dafür sind beispielsweise folgende Ansagen anderer Partner-Kandidaten in der TV-Serie „Liebes-Geschichten":

Sylvie, 47, zweimal geschieden, eine Lebensgemeinschaft:

„Mein letzter Partner war verheiratet. Er wollte sich aber nicht scheiden lassen.
Meine ganzen Gefühle und mein Vertrauen wurden in der Zeit mit ihm aufgebraucht.

Er muss etwas haben, was mich fasziniert, wo ich sag, wow der ist es, ja!
Charmant soll er sein, etwas romantisch vielleicht, respektvoll auf jeden Fall;
Er muss immer für mich da sein, aber mir auch Freiheit geben. Ich möchte einfach das Leben genießen..."

Diese Vorstellungen von Liebe bestehen aus Erwartungen, Schuldzuweisung, aus Wünschen, Wünschen und wieder Wünschen...

Markus, 40, 1x geschieden, eine Lebensgemeinschaft:

„Ich suche die dritte Frau in meinem Leben.
Sie sollte wissen, was sich in einer Partnerschaft gehört;
Geben und Nehmen sollte ausgeglichen sein;
Sie sollte ein liebenswerter, zuverlässiger, treuer Mensch sein;
Auf die man sich verlassen kann..."

Wiederum: Erwartungen, Erwartungen, Erwartungen...

Daniela 48, drei große Lieben im bisherigen Leben

„Sehne mich nach einem Partner, wo ich mich endlich anlehnen kann, wo ich Frau sein kann, und sagen kann, ich fühle mich beschützt.
Mein letzter Mann: Als ich ihn kennen gelernt habe, dachte ich, jetzt habe ich die Liebe meines Lebens kennen gelernt. Das wäre wirklich der einzige Mann gewesen, wo ich in die Kirche gegangen wäre und vor Gott gesagt hätte: „für immer und ewig, bis dass der Tod euch scheidet". Allerdings hat er sich nach einem Jobverlust sehr verändert, das war wirklich nervlich sehr belastend für mich.
Mein erhoffter Partner: Er muss schon etwas an sich haben, was mich berührt, wo ich mir denk: so schöne Augen..."

Wünsche, Erwartungen, Enttäuschungen, Besitzen-wollen...

Liebe erwartet nichts, will nichts

Wahre Liebe erwartet nichts, sie will nichts, sie ist einfach wie sie ist, unabhängig davon, was andere tun, wollen oder erwarten.

Im meinem Buch „Das Kleinod des Shankara" (Kap. 6) finden sich dazu erklärende Worte:

> *„Das Universum ist aus Liebe geboren! Wir benötigen keinen „Gegenstand", den wir lieben, um Liebe zu sein. Liebe braucht keine Gegenliebe.*
> *Liebe hat nicht die Absicht etwas Gutes zu tun. Sie strahlt einfach aus, was sie ist. Dadurch ist sie vollkommen frei. Sie benötigt niemanden, der ihre Liebe empfängt oder erwidert.*
> *Sie hat keine Erwartungen und so kann sie auch nicht enttäuscht werden. Sie ist einfach Freude und Schönheit und strahlt dies sorglos aus.*
> *Die Sonne leuchtet auch auf Landstriche, wo es kein Leben gibt. Der Baum spendet immer Schatten, auch wenn niemand da ist, um sich an seiner Blätterkrone zu erfreuen. Die Rose schenkt jedem ihre Schönheit, ihren Duft.*
> *Liebe ist nicht stolz auf ihre Verdienste. Sie gibt unabhängig von Lob, Dankbarkeit oder Anerkennung. Sie gibt, weil sie Freude hat zu geben.*
> *Liebe ist ohne Erwartung. Sie will niemanden besitzen, will niemanden abhängig machen und niemanden kontrollieren. Liebe ist im Einklang mit dem Sein, wie es ist. Liebe kümmert sich nicht darum, ob sie wohl gut genug und verdienstvoll genug ist. Sie hat keine Angst jemanden nicht zu gewinnen oder ihn zu verlieren.*
> *Auf diese Art ist Liebe eins mit dem großen Frieden."*

Die romantische Liebe

Die romantische Liebe geht davon aus, dass wir jemanden benötigen um vollständig zu sein, um glücklich zu sein.

In der romantischen Liebe ist unser Glück davon abhängig ob der andere unsere Wünsche und Erwartungen erfüllt. Diese Denkweise zeigt die duale Ver(w)irrung des menschlichen Geistes! Denn wenn wir davon ausgehen, dass wir die Liebe und Anerkennung eines anderen brauchen, um glücklich zu sein, so ist intensives Leiden vorprogrammiert.

Wahre Liebe will nichts haben und nichts erreichen. Sie identifiziert sich nicht mit anderen Menschen. Sie will den anderen nicht verändern. Sie lässt den anderen so sein, wie er sein will. Doch sie weiß auch geschickt von seinen Ego-Wünschen und von seinem Ego-Verhalten entsprechenden Abstand zu halten.

Der wahrhaft Liebende ruht in sich. Er lässt den anderen seine Erfahrungen, Fehler und Umwege machen, die er für seine Entwicklung benötigt. Er gönnt ihm seinen Himmel und auch seine Hölle.

„Sobald ich etwas von meinem Partner will, muss ich mein Denken überprüfen!"
„Ich will nichts von jemandem!
Ich will nicht einmal deine Freiheit oder deinen Frieden.
Ich will deinen Himmel und deine Hölle.
Ich will das, was du für dich willst, weil ich dich liebe."
„Wenn du den Zustand erreichst, wo du nichts mehr von deinem Partner willst, dann hast du das Gefühl: „Bingo! Ich habe gerade das große Los gezogen!"

Kathi Byron

Die Vollkommenheit des Seins

Wovon das Ego-Denken keine Ahnung hat, ist die Vollkommenheit des Seins. Fixiert auf die äußeren vergänglichen Erscheinungen weiß es nichts davon, dass jedes Atom der Welt, jede Erscheinung in unserem Universum von göttlicher Weisheit, Liebe und Vollkommenheit durchdrungen ist.

> *Bei Gott sind alle Haare auf eurem Haupte gezählt. Darum fürchtet euch nicht...*
>
> Lukas 11,7

Entsprechend dieser Vollkommenheit bekommt jeder Mensch genau die Person zum Partner, als Kind, Mutter oder Vater oder als Arbeitskollegen, die seiner Bewusstseins-Stufe entspricht. Daher hat jeder Mensch nur „Traumpartner", allerdings nicht jene, die sein Ego erträumt, sondern jene, die das „universelle Bewusstsein" (Gott) für ihn ausgesucht hat.

Gott lebt in allen Erscheinungen und so auch in der Person deines Partners und deiner Mitmenschen. Diese werden dir, ob es dir gefällt oder nicht, all das geben, was du brauchst, um zu erwachen. Oft sind sie für dich ein Spiegel, in dem du dein Ego erkennen und dich sodann von ihm befreien kannst.

Es ist daher sinnlos, einen „besseren" Partner zu suchen. Der Partner, den das Schicksal für dich ausgesucht hat, offenbart immer wieder dein Ego-Denken. Nur wenn du dich selbst veränderst, dich von deinem Ego befreist, verändern sich deine Lebens-Bedingungen, verändern sich die Menschen mit denen du in der Familie, am Arbeitsplatz und wo sonst immer zusammen bist.

Lass los von dir selbst und du wirst alles erreichen!

So empfiehlt Meister Eckehart: werde dir deines Egos, deiner Wünsche, Sorgen und Probleme bewusst und lass ab von ihnen. Lerne dein Innenleben zu beobachten, lass los von deinem Ego. Befreie dich von der Sklaverei deiner Gedanken und du wirst höchstes Glück empfangen!

Sich-verändern gelingt nicht durch das Bemühen, ein besserer Mensch zu sein. Alle diesbezüglichen Bestrebungen und Techniken, wie sie in unzähligen Ratgebern empfohlen werden um gute, erfolgreiche und liebevolle Beziehungen zu erreichen, sind zum Scheitern verurteilt.

Gottes Welt und auch unsere Seele sind schon vollkommen wie sie sind. Nur unser duales Denken gaukelt uns etwas anderes vor. Deshalb will unser Ego dies oder jenes erreichen und dies oder jenes sein. Doch gerade dieses Wollen behindert unsere Befreiung von allen Sorgen und Problemen, behindert unsere Liebe und unsere Glückseligkeit.

Willst du nichts mehr erreichen, so hast du alles erreicht. Willst du nichts mehr sein, so wirst du alles sein.

Erfüllte Beziehungen III.

Beziehungen „scheitern" nicht

Eine Paar-Beziehung „scheitert" nicht, sondern wird beendet. Nur in unserem Kopf kann eine Beziehung „scheitern"! Unser Ego bewertet ein „Jeder-geht-seinen-Weg" als etwas Negatives. Meist schwingt mit dieser Bewertung ein „Versagen", ein „Schuld-haben" oder „Schuld-zuweisen" mit. Das Ego liebt es, sich und andere zu kritisieren, zu verurteilen, sich zu bedauern, Situationen als schrecklich oder ausweglos einzustufen.

Man kann eine Trennung auch anders sehen. Ist es nicht ein wunderbares Geschenk, wenn jeder seinen Weg gehen darf? Können wir nicht das „Getrennte-Wege-Gehen" mit Liebe segnen?

Das Grundproblem des Egos sind seine Wünsche und Erwartungen, sein Hängen an dem „Lieb-Gewonnenem", sein Hängen an Tradition und moralischen Vorschriften, sein „Nicht-loslassen-Können" und die Erwartung, dass mich die/der andere glücklich machen soll. Die Schwierigkeiten des Egos resultieren aus seinem „Nicht-Wissen", wer wir wirklich sind, aus der mangelnde Verbindung der Seele zu ihrem wahren Selbst.

Beziehungen dienen nicht dazu, uns glücklich zu machen!

Beziehungen sind von der Schöpfung nicht dazu ausersehen, uns anhaltend glücklich zu machen. Glückseligkeit ist eine Eigenschaft unseres Seelengrundes. Sie bedarf keiner äußeren Lebensumstände. Wenn unser Glücklich-Sein vom Verlauf unserer Beziehungen abhängig ist, so ist unser Unglücklich-Sein vorprogrammiert.

Alle Erfahrungen, denen wir im Leben begegnen dürfen, die ganze Welt der vergänglichen Erscheinungen - das göttliche Spiel der Maya - dient in erster Linie zum Erwachen! In unseren Erfahrungen begegnen wir immer wieder der Dualität unserer Denkweise. Wir bewerten die Erscheinungen der Welt als „gut" und „böse", „wünschenswert" und „abzulehnen", „hässlich" und „schön"... Wir brauchen diese Ego-Bewertungen und die mit ihnen verbundenen Probleme und Leiden, um über sie hinaus zu gehen, um uns mit dem transzendenten Sein zu verbinden.

Erst mit dem Erwachen lösen sich alle Sorgen und Probleme auf und unsere wahre Wesenheit offenbart sich. Solange wir Liebe und Glücklich-Sein im vergänglichen Außen suchen, verhindern wir die Erfahrung der Liebe und Glückseligkeit in uns.

Aus diesem Grunde achtet der „Weisheitsvolle" bei all seinem Tun nicht vorzüglich auf die erhofften „Früchte" seines Tuns (siehe die Bhagavad-Gita, siehe die Evangelien), sondern primär auf seinen Seelenzustand. Ziele zu erreichen ist viel weniger wichtig als bewusst, verbunden mit dem Frieden und der Seligkeit in unserem Innersten, Hier und Jetzt auf dem Weg zu sein.

Suchet zuerst das Reich Gottes und alles andere wird euch hinzugegeben! Mat. 6,33

Das Himmelreich ist in euch. Luk. 17,21

> *Kümmere dich darum, deine Pflichten zu erfüllen. Doch dabei sollten die Früchte deiner Arbeit nicht dein Beweggrund sein.*
>
> Bhaghavad Gita 2:47

Der „Erwachte" wird nicht auf Freuden, die von äußeren Ereignissen ausgelöst werden, verzichten oder sie als minderwertig erachten. Im Gegenteil, er wird sie mit großer Achtsamkeit und Dankbarkeit genießen. Doch er wird sich dabei stets des Ursprungs alles Glücklich-Seins bewusst bleiben und daher nicht von der Vergänglichkeit aller äußeren Freuden enttäuscht werden.

Das Ego hingegen möchte Glücksmomente festhalten, wiederholen und immer neu gewinnen. Daraus entstehen rastloses Streben, Besitzgier, Verlustängste, Eifersucht, Streitigkeiten und Enttäuschungen.

Lassen wir von unseren Wünschen und Erwartungen los, so können wir uns heiter und liebevoll an den vielen kleinen und größeren Geschenken des Lebens erfreuen und wir sind nicht unglücklich, wenn das Leben, abweichend von unseren Vorstellungen, seine eigenen Wege geht.

Beziehungs-Probleme sind stets Ego-Probleme

Das „Ego-Denken" des Menschen ist vorwiegend mit der Frage beschäftigt: „Was ist das Beste für mich? Wie kann ich es einrichten, dass ich es schön habe? Wie kann ich das vermeiden, was mir nicht gefällt?"

Von diesen Fragen ausgehend beurteilt der „Ego-Denker" seine Mitmenschen, seine Welt. Seine Gedanken kreisen vorwiegend um sein kleines Ich. „Ich will...", „Mich stört...". Entspricht seine Umgebung dem, was sich das „Ich" von ihr erwartet, so ist dieses Ich (leider rasch vorübergehend) glücklich und andernfalls (eher anhaltend) unglücklich.

Das Ego-Denken liebt nicht, sondern will etwas für sich bekommen und behalten.

Die gängigen Beziehungs-Ratgeber – wie im ersten Kapitel zu „Erfüllte Beziehungen" beschrieben – fördern das Ego-Streben des Menschen. So besteht oft das Bestreben mancher Psychotherapeuten darin, dem Patienten zu helfen, ihr unglückliches Ego in ein glückliches Ego zu verwandeln. Dies muss jedoch zwangsläufig scheitern, denn es ist gerade das Ego-Denken und sein Verhalten, welches Beziehungs-Unfähigkeit und Unglücklich-Sein verursacht.

Freiheit und Unfreiheit in Beziehungen

Die Seele des Menschen sehnt sich, meist unbewusst, nach Beendigung ihrer Trennung vom Sein (von sich selbst, von der Welt, von Gott). Doch sie weiß nicht, wie dieses Ziel erreicht werden kann. Sie hofft durch die Verbindung mit Menschen und Dingen ihr Bedürfnis nach „Eins-Sein" zu befriedigen. Das findet zum Beispiel in der Sehnsucht nach der romantischen Liebe seinen Ausdruck. Das „kleine Ich" will mit einem „Traumpartner" „eins-sein" und erwartet sich davon den siebenten Himmel, die Erfüllung seiner Wünsche und anhaltende Glückseligkeit.

Aus dem Bedürfnis nach „Eins-Sein" entspringt der Wunsch ‚Menschen (die/den Geliebte/n, den Lebenspartner, die Kinder) und Dinge für sich zu besitzen. Das „Ich" fühlt sich mit anderen „verbunden", wenn es von diesen anerkannt, gelobt und geliebt wird. Werden seine Erwartungen nicht erfüllt, so reagiert es mit Enttäuschung, Traurigkeit, Eifersucht, Schmerz und Selbstbedauern. Es fühlt sich getrennt, unverstanden und verletzt. So kann die Ego-Liebe rasch in Ärger, Zorn, Frust oder Depression umschlagen.

Das beglückende „Eins-Sein" wird nicht durch Identifikation mit einer Person, durch Klammern, Festhalten oder Für-sich-besitzen-Wollen erreicht.

„Eins-Sein" gelingt nur über den Weg der Aufgabe des Egos, über das „Nicht-Ich". Doch für die meisten Menschen ist das „Nicht-Ich" ein Fremdwort.

Eins-Sein bedeutet sein Ego zu vergessen. Sein-Ego-Vergessen heißt, radikal in der Gegenwart zu leben; heißt, sofort als „Vergangenheit" zu vergessen, was war, was mich soeben, vor kurzem oder irgendwann einmal gestört hat; heißt, die „Zukunft", meine Wünsche, Ängste und Sorgen vergessen; heißt, dem Schicksal, der Weisheit und Liebe des Seins (Gott) zu vertrauen; heißt, hier und jetzt einfach zu sein.

*Richte deine Aufmerksamkeit auf dich selbst,
und wo du dich findest, lass ab von dir.*
                                            Meister Eckehart

Den anderen sein lassen, wie er ist

Aus dem Bedürfnis nach Eins-Sein legt das Ego in der Paar-Beziehung größten Wert auf Gemeinsamkeit im Tun, Fühlen und Denken. Solche Gemeinsamkeiten fühlen sich gut an. Doch jeder Mensch ist etwas Einmaliges, eine besondere Individualität, „Er ist, wie er ist!". Den anderen gelassen und liebevoll annehmen zu können, wie er ist, sich nicht mit ihm zu identifizieren, ihn nicht als „meinen Partner", als „meine Tochter", „meinen Vater", „mein..." zu verstehen, ihn seinen Weg gehen lassen, das bedeutet Loslassen vom Ego, das bedeutet Liebe. Stattdessen neigen viele dazu den anderen belehren und ändern zu wollen. Sie kritisieren das Verhalten des anderen. Sie kränken und ärgern sich weil der andere so ist, wie er ist. Sie diskutieren, wollen recht haben und streiten sich.

Dabei bedauern und entschuldigen sich Menschen oft mit den Worten: „Ich mein es doch nur gut mit dir! Ich will doch nur dein Bestes!" Doch wie schon Kurt Tucholsky treffend sagte: *„Das Gegenteil von gut ist gut gemeint!"* Weißt du wirklich was für den anderen gut ist? Willst du verhindern, dass er seine (Um-) Wege und die damit verbundenen Erfahrungen macht?

> *Der höchste Mensch gebraucht sein Herz wie einen Spiegel.*
> *Er geht den Dingen nicht nach und geht ihnen nicht entgegen;*
> *er spiegelt sie wider, aber hält sie nicht fest.*
>
> Dschuang Dsi: 365 - 290 v. Chr.

Streitkultur

Viele Therapeuten sind der Meinung, dass Aggressionen zwischen Partnern ausgelebt werden sollen (siehe Jellouschek, „Erfüllte Beziehungen I). Man müsse in einer Beziehung eine „Streit-Kultur" entwickeln. Wer jedoch Einsicht hat, erkennt, dass uns Kränkung, Verletztheit, Ärger und Zorn auf unser Ego aufmerksam machen sollten.

Dieses Ego gilt es nicht durch „gepflegten" Streit zu kultivieren, sondern es zu erkennen und zu transformieren.

Niemals ist der andere das Problem, sondern immer mein Ego! Der andere „ist, wie er ist". Er ist so wie es seiner Anlage, seiner Erziehung, seinem Karma und vor allem seiner Bewusstseins-Stufe entspricht. „Ich" bin das Problem, weil ich den anderen bewerte, weil ich emotional reagiere, weil ihn nicht akzeptiere, wie er ist, weil ich meinen Willen durchsetzen will, weil mir meine Ego-Wünsche lieber sind als äußerer und innerer Frieden. Das gilt für alle zwischenmenschlichen Beziehungen.

Unser Ärger, unsere Konflikte sollten uns wach rütteln, uns anregen, in die Stille zu gehen, bei uns Einkehr zu halten, unser wahres Wesen zu erkennen. Statt unsere kontroversen Meinungen zu verkünden und Recht haben zu wollen, können wir auch einfach liebevoll still sein, können wir den inneren Frieden verwirklichen, der sich in Verständnis und Mitgefühl offenbart.

Die Umsetzung im Leben

Eine Leserin meiner Essay-Briefe (eine Heilpraktikerin aus Deutschland) schrieb mir, dass sie meine monatlichen Essay´-s gerne lese und versuche sie umzusetzen. Eines beschäftige sie ganz besonders:

„Wie funktioniert „Loslassen" in der Praxis? Theoretisch ist mir immer alles klar. Aber ich habe bisher noch nie einen Ratschlag bekommen, wie das wirklich im Leben, in schwierigen Situationen angewendet werden kann. Ich finde zwar meist Ruhe in der buddhistischen Meditation, aber trotzdem holt es mich immer wieder ein..."

Ich habe ihr darauf geantwortet:

„Vorerst sei zu deinem Trost gesagt: So wie dir geht es vielen, die versuchen, sich von ihren Problemen und Sorgen endgültig zu befreien.

Grundvoraussetzung für erfolgreiches Loslassen ist die Überzeugung, dass alles Geschehen in diesem Universum von göttlicher Weisheit und Liebe getragen wird. Alles ist vollkommen, wie es ist. Das Schicksal macht keine Fehler. Alles Geschehen dient dem Erwachen."

Wer diese Weisheit noch nicht begreifen kann, sollte sie als „Arbeits-Hypothese" ausprobieren. Wenn er das ernsthaft durchzieht, wird er die Wahrheit erkennen und diese wird ihn frei machen.

Loslassen durch Still-sein

Befreit zu sein, ist das Einfachste und doch scheinbar Schwierigste auf der Welt. Du musst nur innerlich stille werden. Beende konsequent alles Denken und du hast alles erreicht. Diese Stille gelingt nur, wenn sie von der Überzeugung getragen wird, dass alles Sein vollkommen ist. Mangelt es an dieser Erkenntnis, so werden wir von unseren Gedanken, die stets um unsere Vergangenheit und Zukunft, um unsere Sorgen und Ängste kreisen, nicht loslassen können.

Ist die Stille von der ich spreche erreicht, so kannst du auch denken. Doch dieses Denken wird aus der Stille kommen. Es wird nicht mehr um Probleme kreisen. Es wird nicht bewerten, ablehnen und begehren. Es wird sich neutral, ohne Emotionen nur um das Notwendige und Nützliche kümmern.

Die ganze spirituelle Weisheit aller großen Lehrer kann in zwei Worten zusammen gefasst werden: „Sei still!"

Beobachte fortlaufend deine Gedanken und beende sie. Sodann wird sich ein beglückender Frieden in dir ausbreiten.

Still-sein funktioniert nur, wenn das Ego mit seinen Sorgen, Problemen, Eitelkeiten, Wünschen und Ablehnungen schweigt. Beobachte daher konsequent dein Innenleben, deine Gedanken und Gefühle. Und jedes Mal, wenn du dich unwohl fühlst, so erkenne: Die Ursache ist dein Ego-Denken, dein Bewerten und Wollen.

Wenn du wirklich still bist, endet alle Zeit, endet alles Karma und du bist mit der Weisheit, Liebe und Freude des ganzen Universums verbunden.

Es ist unsere wichtigste Aufgabe im Leben, uns von den Gedanken mit ihren dualen Bewertungen zu befreien. Dazu sind wir mit diesem Körper, mit unserem Mind auf unserem Planeten und müssen ständig durch irgendwelche Ereignisse hindurch gehen. Im Grunde sind all diese Vorgänge ein Spiel der Maya (Illusion). Doch wir brauchen dieses göttliche Spiel, um zu erwachen.

Das heißt, in unserem Leben geht es überhaupt nicht darum ob wir erfolgreich sind oder nicht, ob wir bekommen was wir wollen oder nicht, ob wir unsere Ziele erreichen oder nicht, sondern einzig und allein darum, ob wir während unseres Weges mit unserem Innersten, mit der göttlichen Stille in uns verbunden sind oder nicht.

Achte stets darauf und du hast alles gewonnen. So einfach ist das."

Buchempfehlung

WU-WEI
erfolgreich Nichts tun

Bernd Helge Fritsch

Dieses Buch beinhaltet eine Auswahl von Essay-Briefen, wie sie von Bernd Helge Fritsch seit etlichen Jahren in Mail-Form an Freunde und Interessierte versendet werden. Diese Briefe behandeln die wichtigsten Lebensfragen. Zu diesen zähle ich:

- Was ist der Sinn unseres Erdendaseins?
- Wer bin ich?
- Wie lebt man erfüllende Beziehungen?
- Vom Umgang mit Depressionen
- Wie kann ich glücklich sein, unabhängig von äußeren Ereignissen?
- Was geschieht mit mir nach meinem körperlichen Tod?

Diese Essay-Briefe sollen keine „Glaubensinhalte" vermitteln. Der Autor möchte kein „gläubiger Mensch" sein und gehört deshalb auch keiner Religionsgemeinschaft an. Wohl aber ist nach seiner Ansicht „Religion" (die bewusste Verbindung mit dem Höchsten) unsere wichtigste Mission auf dieser Erde.

Buchempfehlung

Vom Umgang mit der Zeit
99 spirituelle Anregungen

Bernd Helge Fritsch

In diesem Hand-Buch findest du 99 Aphorismen für ein „Leben in der Zeit und in der Zeitlosigkeit".
Alle wesentlichen Lebensbereiche des Menschen, wie beispielsweise: Liebe, Freundschaft, Gesundheit, Freude, Umgang mit Konflikten, Beendigung von Schuldgefühlen, Fehler machen dürfen... werden in diesen Aphorismen in prägnanter und gut verständlicher Weise angesprochen. Ein idealer Begleiter, um sich zu besinnen, um auf deinem Weg das Wesentliche vom Unwesentlichen zu unterscheiden.
Du findest in diesem Brevier leicht lesbare Anregungen zu einem Leben in Frieden und Vollkommenheit, frei von Zeitdruck, Stress, Ängsten und Sorgen.
Aufgezeigt wird, wie durch die Erkenntnis des Sinns unseres Daseins und durch die richtige Einstellung zu unseren Aufgaben, jeder Augenblick unseres Erdenleben etwas Besonderes sein kann.
Der Autor hat in diesem kleinen Büchlein all seine, im Laufe von rund sieben Jahrzehnten gewonnenen Erkenntnisse zusammengefasst. Für den, der bereit ist sich auf die Weisheiten in dieser Schrift einzulassen, werden sich neue Dimensionen eröffnen.

Buchempfehlung

„Das Kleinod des Shankara"

Bernd Helge Fritsch

Adi Shankara (788-820) gilt als bedeutendster indischer spiritueller Philosoph und Reformator des Hinduismus. Sein berühmtes Hauptwerk ist das „Viveka Chudamani" (Kleinod der Unterscheidung). Es gilt als „Kron-Juwel" altindischer Weisheit.
In der vorliegenden Ausgabe findet der Leser eine moderne Übersetzung des „Kleinods" und eine umsichtige Auswahl der ursprünglich 580 Sanskrit-Verse. Auf etliche Wiederholungen und Aussagen die nicht unserem Zeitgeist entsprechen wurde verzichtet.
Bernd Helge Fritsch, selbst ein spiritueller Lehrer, hat zum besseren Verständnis der rund 1100 Jahre alten Schrift des Shankara zu vielen Versen Erläuterungen angefügt.
In diesem Buch werden die zentralen Fragen unseres Lebens behandelt: Worin besteht der Sinn meines Lebens? Wie erklärt sich unser Schicksal? Wie befreien wir uns von Sorgen, Krankheit und Leid? Wie können wir uns mit der ewigen Schönheit, Liebe und Glückseligkeit im Urgrund des Seins verbinden?

Buchempfehlung

"Die Essenz der Bhagavad-Gita"

Bernd Helge Fritsch

In der Bhagavad-Gita finden sich die schönsten Perlen alt-indischer Weisheit zu einer wunderbaren Einheit zusammen gefasst. Alle wichtigen Themen der irdischen und göttlichen Welt werden in diesem „Gesang des Erhabenen" umfassend erläutert.
Durch eine sorgfältige Auswahl aller wesentlichen Textstellen und durch eine klare, gut verständliche Sprache wird mit dieser Ausgabe der Gita – für den Menschen der heutigen Zeit – ein höchst praktischer Zugang zu ihrer „Essenz" geboten.
Die der Übersetzung hinzugefügten Kommentare erleichtern ein tiefgehendes Verständnis dieser uralten und zugleich zeitlosen fernöstlichen Weisheitslehre.

Buchempfehlung

"Der große Prinz und das Glück"

Bernd Helge Fritsch

Rund 80 Jahre nachdem Antoine de Saint-Exupéry, Schriftsteller und Flugpilot, dem "Kleinen Prinz" in einer afrikanischen Wüste begegnen durfte, erscheint wieder ein "Prinz" von einem anderen Stern auf unserer Erde. Es ist der "Große Prinz", der hier auf unserem Planeten das Leben und das Glück der Menschen studiert.

In diesem Buch wurden seine Erfahrungen und Erkenntnisse über das "Glücklich-Sein" niedergeschrieben.

> Ein Buch, das uns das "WunderLeben" mit neuen Augen betrachten lässt.
> Ein Buch, das uns dem Geheimnis eines *"tiefen und anhaltenden Glücklich-Seins"* näher bringt.

Schreiben Sie uns!

Schreiben Sie uns!

Schreiben Sie uns, wenn Sie......

- ....Fragen an den Autor Bernd Helge Fritsch richten wollen!

- ....bereit sind, uns Anregungen und Feedback zu geben!

- ....Informationen über Vorträge und Seminare mit Bernd Helge Fritsch haben wollen!

- ....kostenlos unseren monatlichen „Essay-Brief per E-mail bekommen wollen!

- ....B. H. Fritsch zu einer Lesung, einem Vortrag oder einem Seminar einladen wollen!

Wir freuen uns über jede Zuschrift und werden Ihnen gerne antworten.

mail: office@berndhelgefritsch.com

Besuchen Sie unsere Homepage:
www.berndhelgefritsch.com